Horta das Corujas

CLAUDIA VISONI

Horta das Corujas

MINHA HISTÓRIA DE UM PEQUENO PARAÍSO
EM SÃO PAULO E GUIA PARA PLANTIO URBANO

Copyright © 2024 Claudia Visoni

COORDENAÇÃO EDITORIAL
Isabel Valle

COPIDESQUE
Elisabeth Lissovsky

FOTO DA AUTORA
Nathalie Artaxo

DESIGN E ILUSTRAÇÃO DA CAPA
Luiza Chamma

PROJETO GRÁFICO E EDITORAÇÃO ELETRÔNICA
Leandro Collares | Selênia Serviços

DADOS INTERNACIONAIS DE CATALOGAÇÃO NA PUBLICAÇÃO (CIP)

V832h
Visoni, Claudia, 1966-
 Horta das Corujas: minha história de um pequeno paraíso em São Paulo e guia para plantio urbano / Claudia Visoni – 1ª ed. – Rio de Janeiro: Bambual Editora, 2024.

 240 p.
 Ilu.

 ISBN 978-65-89138-51-8

 1. Ecologia urbana. 2. São Paulo. 3. Ecologia humana. I. Título. II. Visoni, Claudia.

CDD 577.56
918.161

www.bambualeditora.com.br
conexao@bambualeditora.com.br

Dedico este livro

Ao meu pai, Mario, que me mostrou o que é ser parte da natureza.

À minha mãe, Wanda, que me ensinou a importância de estudar e de economizar.

Aos meus filhos, Alex e Julieta, que iluminam minha vida.

"Tudo o que acontece à Terra acontece aos filhos da Terra. O homem não teceu a teia da vida, ele é meramente um fio dela. O que quer que ele faça à teia, ele faz a si mesmo."
Chefe Seattle

"Trabalhos simples tornam o homem simples, e é muito difícil ser simples."
Carl Gustav Jung em *Memórias, sonhos e reflexões*, capítulo "A torre"

"Toda grande caminhada começa com um simples passo."
Buda

Sumário

Prefácio, 13

Introdução, 17

PARTE 1 – Memória

Capítulo 1 – Um sonho, 21
Riacho; Fadinha; Bandeja orgânica; Germinação; Minha turma; *Zeitgeist*; Anjo Gabriel; Guerrilha!; Buraqueiras

Capítulo 2 – Mãos à horta, 38
Madalena e a prefeitura; Caminho aberto; Ata da primeira reunião de voluntários; Carta enviada ao subprefeito; Primeiros mutirões; Descontentes; Inauguração; Discurso de inauguração

Capítulo 3 – Holofotes, 54
Fama; Horta na Paulista; Vida nova; Para inglesa ver; Análise da água da cacimba 1

Capítulo 4 – Enraizamos, 63
Mais hortas; Sensualizando; Escalas de rega; Sistema hídrico; Conselheiros; Primeiro aniversário;

Capítulo 5 – **Cultura permanente, 75**
"Dexá o lugar mió"; Sem fumaça nem rato; Não precisamos de dinheiro; Refúgio de abelhas; Dois anos; Operações salvamento

Capítulo 6 – **Cacimbas cheias, 85**
Represas vazias, Cisterna Já, Maquete de bacia hidrográfica, Da seca ao mosquito, Veneno não é solução,

Capítulo 7 – **Viva as árvores!, 100**
Ensinando a arborizar, Florestas urbanas, Tretas arbóreas, 200 abacateiros, Invasoras

Capítulo 8 – **Nem tudo são flores, 111**
Atrapalhantes, Três porquinhos; PQVN, Sem teto, Sem noção, Treinamento espiritual, Benfeitores, Rúguel

Capítulo 9 – **Inspirar e celebrar, 126**
Amadurecimento, Safras de estudantes, De Araraquara a Salvador, Rá-tim-bum, União de Hortas, Manifesto dos Hortelões Urbanos, Pedal das hortas

Capítulo 10 – **Até aqui chegamos, 140**
Do impeachment à candidatura; Enxada na Assembleia; Caos pandêmico; Frente Alimenta, Semana da Terra, Nova campanha; Velha camponesa

Capítulo 11 – **Futuro, 158**
Sucessão, Tutoria, Mea culpa, Esperança

PARTE 2 – **Como e por quê plantar comida na cidade**

Capítulo 12 – **20 motivos, 169**

Capítulo 13 – **Como iniciar uma horta, 174**

Capítulo 14 – **Plantas fáceis de cultivar, 187**

Capítulo 15 – **Produzir terra, 191**

Capítulo 16 – **Sugestões para escolas, 195**

Capítulo 17 – **Sugestões para os governantes, 200**

Capítulo 18 – **Sugestões para o ativismo coletivo dar certo, 204**

Anexos, 205

Índice Onomástico, 222

Caderno de Fotos, 225

Prefácio

Em dias de céu azul, lá estão as fiéis andorinhas fazendo piruetas. Em dias chuvosos e nublados, são os andorinhões do temporal, planadores enérgicos. A tagarela e gregária turma dos psitacídeos, da qual fazem parte tuins, periquitos e maracanãs, não se intimida com os soturnos roncos dos motores venenosos movidos pelos combustíveis fósseis e armam expedições às nossas mirtáceas nos quintais, praças e parques. Enchem a barriga com pitangas, araçás, jabuticabas, uvaias, cambucás e goiabas. Na saída para o meu trabalho, às seis horas da manhã religiosamente, um casal de papagaios verdadeiros cruza os ares bem alto, cantando em direção ao Ibirapuera. No final da tarde voltam na direção contrária. Onde será o refúgio noturno dos trombeteiros fugidos do tráfico de animais silvestres? As fortes asas brancas, aquelas da música, colonizaram a capital e parece que esqueceram o sertão. Para um nordestino ver a avoante arribaçã (Zenaida auriculata), delicada, bela, elegante e leve, cuidar da prole no meu jardim totalmente em segurança é uma visão do Éden. E corujas? Também aparecem de tipos diversos, mais ouvidas que vistas.

A natureza insiste em viver em São Paulo, maior cidade cosmopolita do Hemisfério Sul. Aqui tudo aparece. Até hortas urbanas.

Foi andando pelos pântanos da política, pelas selvas dos movimentos sociais, pelos cerrados dos ambientalistas que conheci Claudia Coruja Visoni.

Jornalista experiente, mãe, agricultora urbana, permacultora, hortelã, ambientalista e curiosa, até faz política de vez em quando. De modo inteligente, pois está vacinada (três doses e reforço) contra os sectarismos ideológicos infecciosos, fundamentalistas, extremistas, violentos e oportunistas eleitoreiros. Reformista ou conservadora, livre para pensar conforme o problema real exige.

A organização brasileira Observatório do Clima, conectando pesquisas próprias e informações provenientes da Organização das Nações Unidas (ONU), da Organização Mundial da Saúde (OMS) e do Painel Intergovernamental para a Mudança do Clima (IPCC) comprova a direta relação entre a forma de produção de alimentos, as emissões de gases de efeito estufa e os problemas de saúde das pessoas e dos ecossistemas. Um relatório da ONU/IPCC divulgado em 2019 demonstra que os sistemas alimentares são responsáveis por 37% das emissões anuais mundiais. Dados do Observatório do Clima registram que, em 2021, os sistemas alimentares foram responsáveis por 73% das emissões anuais brasileiras. Nestes 73%, desmatamento 56%, agropecuária 34%, energia 6%...

É disto que Claudia e muitos dos amigos e coletivos citados nesse livro tratam de forma ágil e colorida. Importante: ela aborda o tema de uma forma bem pessoal e especial. É teórica e prática, como orienta a boa tradição. Tem fé, tem ciência e tem as mãos na terra.

O professor Carlos Eduardo Barbosa, em atenta tradução do Bhagavad Gita (Editora Mantra), explica que há duas formas diferentes de conhecer. Vijnana é o conhecimento intelectual que se obtêm com a mente, pela observação e descrição dos objetos dos sentidos. Jnana é o conhecimento vivencial, não se obtêm pela descrição e sim vivendo e sendo aquilo que se quer conhecer. Já o apóstolo Thiago, em sua epístola aos primeiros cristãos, ensina que "a fé sem obra para nada aproveita". "O corpo sem espírito está morto, assim também a fé sem obras é morta".

Saber e ser. Falar e fazer. É o que se pode aprender e reaprender com Claudia. Eu aprendi, por exemplo, que ter bem a mão no quintal cúrcuma, ora pro nóbis, inhame e abóbora é o jardim de infância do hortelão urbano brasileiro

O filósofo alemão idealista Hegel, em passagem muito popular e inusitadamente simples, dizia que a coruja, ave companheira de Palas Athena e símbolo de sua sabedoria, é ave que voa no crepúsculo. Ou seja, a sabedoria, a filosofia, os filósofos enfim chegam tarde, atrasados para acender as luzes do conhecimento que permite à humanidade entender seu próprio período histórico. Neste aspecto, temos mais sorte do que estes povos antigos. Ao contrário do imponente mocho europeu amigo da filha de Zeus, descobri lendo aqui que as corujas que frequentavam/frequentarão aquele espaço da horta urbana pioneira são do tipo buraqueiras. Diligentes e vigilantes labutam durante o dia. São solares e não crepusculares. Assim têm mais chance de nos socorrer a tempo.

Eduardo Jorge
Médico sanitarista, ex-deputado federal
e um dos idealizadores do SUS

Introdução

A história da Horta das Corujas, primeira horta comunitária em espaço público aberto da cidade de São Paulo, precisava ser registrada. Quando abracei a tarefa, no entanto, percebi que não conseguiria fazer o relato sem explicar como virei agricultora e entrei nessa aventura. Puxando os fios da memória, acabei caindo na teia formada pelos afetos que brotaram do sonho comum de tornar as cidades mais verdes e comestíveis, enveredei por outras hortas que foram surgindo e por minha trajetória pessoal e profissional. A biografia da horta se mistura com a da Claudia e a de tanta gente.

A Horta das Corujas existe desde 2012 e fica numa grande praça de mesmo nome na Vila Beatriz, bairro colado à famosa Vila Madalena, na cidade de São Paulo. Há ali produção de alimentos, recuperação de solo e nascentes, proteção de abelhas e tantos outros tesouros ambientais. Virou uma sala de estar verde com jeito de paraíso acessível a qualquer pessoa a qualquer hora. Quem resolve oferecer seu trabalho vive a incrível experiência de gerar riqueza a partir de dois ingredientes: a natureza e a dedicação humana.

Não existe uma forma de vida isolada. Cada organismo está em constante troca com o ambiente e com outros seres vivos. A Horta das Corujas não germinou nem sobrevive sozinha. É resultado de muitas interações entre as pessoas e o território.

Vou contar o que vi, ouvi, por onde minhas botas enlameadas passaram, como meti a mão na terra, o que tocou meu coração. Não se trata do relato dos acontecimentos em si, mas de como me lembro deles. Peço desculpas pelas prováveis falhas, esquecimentos, imprecisões e injustiças. Existem dezenas de trabalhos acadêmicos sobre a Horta das Corujas que a descrevem de forma mais objetiva, então me senti livre para uma conversa solta com você sobre minhas percepções. Sou uma das fundadoras e a única voluntária da horta que atua desde antes da inauguração.

Como surgiu a horta? Como ela funciona? Quantas pessoas trabalham? Para que serve essa horta? O que tem para colher? Como posso ajudar?

Respondi muitas e muitas vezes a essas perguntas, mas com o tempo foi ficando cada vez mais difícil resumir em poucas palavras. Em conversas casuais, já não sei por onde começar. Então resolvi mergulhar nesse caleidoscópio de lembranças e reflexões para descrever tudo com calma. O processo de construção deste livro também me serviu para organizar sentimentos. Como você verá, não é fácil cuidar de um espaço público aberto onde, a qualquer momento, podem ocorrer furtos e depredação. Para complicar, poucos voluntários se tornam verdadeiros "arrimos de horta", o que sobrecarrega os quase inexistentes gatos pingados que se responsabilizam continuamente pela área. Em alguns momentos fiquei um pouco estressada durante as jornadas de trabalho, razão pela qual esta obra é também uma forma de pedir perdão.

Do primeiro ao décimo primeiro capítulo você encontrará os episódios de forma mais ou menos cronológica e contextualizações sobre o dia a dia da horta, o manejo de água, a arborização urbana e os diversos movimentos do ativismo ambiental mão na massa na cidade de São Paulo durante a segunda década do milênio. Tudo isso misturado com minha trajetória pessoal e profissional, suas dores e delícias. Do capítulo 12 ao 18 estão as orientações práticas para criar e cuidar de hortas em diversas situações, assim como sugestões para tomadores de decisão.

"Não parece São Paulo", dizem muitos visitantes ao transpor a porteira da Horta das Corujas. Discordo. Para mim é o local mais paulistano do universo. Aqueles 800 metros quadrados manifestam uma realidade que poderia existir em toda parte. Cabe a nós construir centímetro a centímetro esse lugar tão bom de se viver.

PARTE 1
Memória

CAPÍTULO 1
Um sonho

Riacho

O ano era mais ou menos 1980. Adolescente que estudava em colégio puxado, praticava esportes e dava aulas particulares para gerar a própria mesada, eu quase não tinha tempo livre. Morávamos na rua Pereira Leite, no bairro do Sumarezinho, Zona Oeste de São Paulo, logo acima da rua Dom Rosalvo, construída ao lado do recém-canalizado Córrego das Corujas. A uns 500 metros de casa existia um morro meio largado onde um dia seria construída a praça Dolores Ibarruri, nome que nunca pegou. Todo mundo conhece por praça das Corujas.

Nas poucas horas de descanso, gostava de passear com Thomas, o cachorro da época na família Visoni. Às vezes deixava o boxer fofo me levar para onde ele queria ir. Um dia fomos parar numa ruazinha pavimentada com blocos de concreto, ao lado de uma parte do córrego das Corujas que corria (e felizmente ainda corre, mais de quarenta anos depois) a céu aberto. Do outro lado do riacho avistei uns cavalos, uma casinha de madeira, bananeiras. Fiquei totalmente hipnotizada. Cena mágica em plena metrópole. Parecia um portal para outra dimensão. Parei e fiquei contemplando não sei quanto tempo. Esse é exatamente o local onde, em 2012, seria inaugurada a Horta das Corujas, primeira horta comunitária em praça pública da cidade de São Paulo.

Fadinha

Vou mergulhar um pouco mais no passado porque a agricultora urbana que um dia eu me tornaria deve muito à criança que fui.

Desde que me conheço por gente, queria ir para o mundo. Com 2 ou 3 anos pedia para entrar na escola, algo pouco comum na década de 1960, quando as crianças em geral acessavam o ensino aos 6 anos de idade. Meu primeiro dia de aula foi aos 4 anos, no Colégio das Nações, avenida Pompeia. A adaptação foi instantânea. Eu estava realizada estudando. No ano seguinte mudei para a escola Nossa Senhora de Fátima, ao lado da igreja de mesmo nome, no bairro do Sumaré, onde minha mãe, Maria Wanda Borges Visoni, dava aulas. E por ali havia um grupo de bandeirantes, nome que hoje é politicamente incorreto, mas assim foi batizado o escotismo feminino no Brasil. Fiquei fascinada com aquelas meninas com uniformes azul-marinho e gravatas coloridas. Parecia um universo mágico e realmente era.

Com 7 anos, virei bandeirante, ou melhor, uma fada (nome dado às minibandeirantes dos 7 aos 10 anos de idade) do Distrito Paineiras. Havia toda uma história para o grupo das fadinhas, de que pouco me recordo. Mas a personagem principal era uma coruja. E a música, quem viveu isso nunca esquece, é cantada assim "No meio da floresta, havia uma coruja. E nas noites de lua, ouviam-se seus gritos...".

As reuniões de bandeirantes aconteciam todos os sábados à tarde. Lá por 1974 organizaram uma programação especial. A mãe de uma das colegas tinha acabado de voltar dos Estados Unidos onde fez pós-graduação em ecologia. Ela pediu para conversar com as meninas mais jovens. Éramos nós. Eu nunca tinha ouvido a palavra ecologia que, aliás, não fazia parte do vocabulário cotidiano de ninguém àquela altura. Essa pessoa, cujo nome não sei e nunca mais vi, passou uma mensagem básica que até hoje grande parte da humanidade ainda não entendeu: depois de séculos de exploração irresponsável de recursos, o planeta está beirando o colapso.

Dali para frente, abracei a causa. Fui uma criança e adolescente nem um pouco parecida com a Greta Thunberg, famosíssima ativista climática sueca nascida em 2003. Vivi minha rotina de estudos, esportes e amigos normalmente, mas todo tipo de assunto relacionado a meio ambiente chamava minha atenção. Lembro de acompanhar notícias sobre o início das obras da Transamazônica nos anos 1970, dos primeiros alertas sobre contaminação química de alimentos, da campanha "Salve as baleias", que deu origem ao Greenpeace, de ler na parede da Sorveteria Rocha, no centro de São Sebastião, a célebre "Carta do Chefe Seattle".

Em 1986, cursando jornalismo na USP, fui contratada como repórter na Rádio USP. Numa redação cheia de pesadas máquinas de escrever, telefones fixos e jornais de papel, eu li pela primeira vez sobre o sistema de coleta seletiva de resíduos em São Francisco, Califórnia. Novidades assim viravam sinapses instantâneas entre os meus neurônios e ficaram gravadas para sempre. Em 1991 fui pela primeira vez aos Estados Unidos e encontrei uma lojinha do Greenpeace onde comprei um saco pequeno de lona grossa fechado com velcro onde até hoje carrego os itens de higiene em todas as viagens. Nessa época eu era editora de comportamento da revista *Capricho* e já tinha uma coluna mensal sobre ecologia. Recolhia e levava todos os papéis de rascunho da redação para a reciclagem. Em 1992, cobri a Eco 92, que depois ficou conhecida como Rio 92, o primeiro megaencontro organizado pela Organização das Nações Unidas (ONU) para debater os problemas ambientais e as mudanças climáticas.

Bandeja orgânica

O acontecimento que mudou minha trajetória e semeou o desejo de virar agricultora ocorreu em 1999. Na época eu era diretora de redação da revista *Boa Forma* e cumpria jornadas bem intensas como jornalista/executiva. Tarde da noite, depois de um longo expediente por causa do fechamento (bem menos comum no jornalismo de hoje, esse é o dia em que uma publicação precisa ser finalizada e vai para a gráfica), fui a um supermercado 24 horas. Encontrei uma bandejinha de legumes com o rótulo "Alimento orgânico, produzido sem o uso de agrotóxicos". Fiquei emocionada e agradecida por finalmente aquela oportunidade ter chegado. Na época eu vivia distante dos circuitos alternativos. A feira de orgânicos do parque da Água Branca existe desde 1991, mas eu não tinha ideia. Enfim, guardei o rótulo e no dia seguinte telefonei para o número que aparecia bem pequenininho na embalagem. Atendeu do outro lado um senhor com sotaque meio germânico. E comecei meu discurso: "Ontem encontrei seus produtos orgânicos no supermercado e estou ligando para agradecer a existência de vocês. Muito incrível esse trabalho. Por favor, persistam. Nós que moramos em São Paulo precisamos muito de comida sem agrotóxicos. Que emoção estar aqui conversando com um produtor orgânico. E blá-blá-blá..."

O senhor se cansou da minha tagarelice deslumbrada e passou o telefone para alguém que estava ao lado, outro homem, dessa vez com sotaque argentino. Continuei no mesmo ritmo e percebi que a pessoa já estava tentando se livrar do telefonema. Perguntei: "Existe algo que eu possa fazer para ajudar?". Ricardo Reigosa, que era o agrônomo responsável pela produção do sítio A Boa Terra, respondeu: "Estamos iniciando um sistema de assinaturas de cestas orgânicas e precisamos de divulgação e de encontrar mais distribuidores". Deixa comigo, pensei. Primeiro, virei assinante (não se falava em delivery de vegetais na época), ou seja, me tornei uma das primeiras clientes do primeiro delivery de orgânicos do Brasil. E já que a revista que eu dirigia era focada em vida saudável, escrevi uma matéria contando a novidade e avisando sobre a oportunidade de trabalho. Choveu telefonema na zona rural de Itobi, onde fica o sítio. Dias depois recebi uma ligação em que aquele senhor do sotaque já sabia meu nome e perguntou: "Claudia, o que você faz aí em São Paulo mesmo?".

Foi assim que nasceu minha amizade com Joop (pronuncia-se Iôp) Stoltenborg, que dura até hoje. Vou parar um pouquinho com a minha narrativa para contar a história da dos Shoenmaker-Stoltenborg. Começa em 1959, com uma família de 11 filhos mudando da Holanda para o Brasil para escapar das dificuldades do pós-guerra. Com muito esforço, tornaram-se pioneiros na produção de flores na recém-criada Holambra (perto de Campinas). Tini Schoenmaker era uma das filhas. Em 1970 o holandês Joop, de origem camponesa, foi passar uma temporada trabalhando no Canadá junto com um amigo. Aventureira, a dupla comprou um fusca e decidiu viajar por toda a América, partindo de perto do Alasca até o sul da Argentina. Quando subiam o continente na volta, fizeram uma parada em Holambra, onde o fusca simplesmente desmontou. Com a parada deu tempo para Joop e Tini se conhecerem e se apaixonarem. Casaram-se, tiveram três filhas, duas netas e o resto é parte importante da história dos orgânicos paulistas. Além disso, são pessoas maravilhosas e engajadíssimas na agricultura e na ecologia até hoje. A empresa-sítio, agora sob o comando da primogênita Nicolette, segue firme e forte entregando cestas em várias cidades do Estado de São Paulo.

Essa história e muitas outras eu ouvi ao longo da nossa já comprida amizade. A primeira visita ao sítio foi ainda em 1999 e acompanhada de Mauro Calliari, meu marido na época. A experiência de ver onde cresciam as espigas de milho, os pés de alface e as abobrinhas que iriam ser entregues na minha casa foi muito emocionante. Como se eu despertasse de uma letargia. Como se por algum tempo eu tivesse quase esquecido que a comida nasce na terra. Como se eu tivesse esquecido que meus avós paternos eram colonos que vieram da Itália no fim do século XIX, fugindo da fome, para substituir a mão de obra escravizada nas lavouras de café do interior de São Paulo, que meu pai tinha nascido na roça, que meus bisavós maternos eram sitiantes. Estava refeita minha conexão com a origem dos alimentos. Que tola eu, me achando a mais urbana das criaturas.

Germinação

Todas as semanas, junto com a caixa de papelão retornável em que chegavam as frutas, verduras, legumes e temperos do sítio A Boa Terra, vinha um folheto impresso. O "Informativo" era um boletim sobre os acontecimentos do sítio, temas ambientais, memórias agrícolas dos Schoenmaker-Stoltenborg, textos de amigos e colaboradores, receitas e os bastidores da agricultura orgânica. Graças a esse jornalzinho de apenas uma página deixei de ser uma analfabeta agrícola. Comecei a enxergar os desafios enormes da produção de alimentos sem veneno. Perceber quanta dificuldade há para praticar agricultura ecológica num Brasil em que todo o sistema há mais de 500 anos está montado para a exportação de *commodities*.

Visitei o sítio várias vezes e sempre quero voltar. Além de termos muito assunto, Joop e eu compartilhamos um livro de cabeceira, como se dizia antigamente, ou seja, uma daquelas obras que marcam nossa vida e sempre consultamos: *Small is Beautiful* (fora de catálogo no Brasil, em geral traduzido como *O negócio é ser pequeno*), de E. F. Schumacher.

Joop é meu mestre e foi numa de nossas conversas, no começo deste século, que ouvi a sugestão: "Claudia, você poderia virar agricultora urbana". Achei o comentário tão estranho que nem consegui responder. Eu nunca tinha topado com as palavras "agricultura" e "urbana" na mesma frase. Aparentemente, a ideia evaporou da minha mente. Só que não.

Embora tivesse soterrado o assunto na mente, a sementinha da horta urbana estava plantada dentro de mim. Ficou adormecida não sei por quanto tempo. Até que em 2006 germinou. Foi o ano em que eu e o Mauro compramos um terreno na região de Pinheiros e começaram os projetos para uma casa nova. Para mim, o espaço da horta virou prioridade. Em setembro de 2008 a obra estava pronta e mudamos. Como quase todo mundo que entra nessa de plantar comida em casa, eu queria mesmo canteiros cheios de alface e tomate, os ingredientes mais comuns das saladas por aí. O jardineiro que colocou grama no quintal plantou as primeiras mudas da minha salada doméstica, que logo sucumbiram à minha falta de experiência.

Tive que começar do zero – ou quase. Minha sutil vantagem era um pai com passado camponês, que começou a trabalhar no cafezal aos 7 anos de idade e cuja ajuda foi valiosa nos tempos em que fazia experiências de plantio no quintal. Ganhei dele a primeira sementeira (aquela bandeja de plástico com casulinhos para produzir mudas). Mario Visoni, falecido em 2014 aos 87 anos, me orientava sobre plantio exatamente sessenta anos após ter deixado a vida rural no interiorzão de São Paulo (Penápolis, Tupã, Inúbia e região). Gostava de pescar e durante um tempo teve um pequeno sítio íngreme em Santana do Parnaíba, onde ia praticar a vida de lavrador nas horas vagas. Na época eu era adolescente e queria a maior distância possível de uma enxada.

Quando dou aula de agricultura urbana sempre sugiro que as pessoas busquem orientação dos mais velhos. O Brasil é um país de urbanização muito recente. O grande êxodo urbano se acentuou na década de 1950, e só lá pelos anos 1970 os moradores das cidades se tornaram mais numerosos do que os do campo. Isso significa que a maioria de nós tem parentes vivos com experiência de plantio. O que é um enorme privilégio e facilita o processo de reencontro com a origem da comida. Se você quer cultivar alimentos, ir atrás dos conselhos das pessoas mais velhas (e quanto mais velhas, melhor) ajuda demais.

Minha turma

Hoje em dia, quando olho as fotos do meu quintal nos primeiros tempos de horta, tudo parece ainda bem deserto, embora eu já me achasse uma roceira. Naquela época quase não se falava em horta urbana. Vários amigos e familiares estranharam minha nova mania. Para que gastar tanto tempo plantando umas folhas e temperos se isso é relativamente barato na feira e no supermercado?

Não foi para me divertir que comecei a horta. A paixão veio depois. Motivações bem racionais me guiaram no princípio. Mas eu não queria só plantar, ver nascer, cuidar, colher e comer. Queria, e continuo querendo, aprender o máximo possível sobre o processo em todos os aspectos. Como agricultora-jornalista, a intenção é compartilhar o aprendizado imediatamente com o maior número possível de pessoas. Tendo acompanhado atentamente o noticiário ambiental desde os anos 1970, percebi que se desenhava no horizonte a era em que as mudanças climáticas e a degradação do solo e das fontes de água em escala global iriam tornar os alimentos mais difíceis de produzir. E que o antigo hábito de cultivar com as próprias mãos parte da refeição se tornaria cada vez mais necessário.

Em fevereiro de 2011 eu pensava ser a única pessoa do mundo preocupada com isso e querendo aprender agricultura urbana de subsistência para prototipar um modo de vida mais resiliente. O Facebook era a rede social do momento. E foi onde encontrei um post da Fernanda Salles, também jornalista e companheira no grupo de mães ativistas do colégio dos nossos filhos. Fê dizia: "Agricultura urbana, aqui vou eu!". Eu também! Eu também! O post tinha link de inscrição para uma apresentação (que estava na moda chamar de workshop) da Tatiana Achcar no Impact Hub Bela Cintra, espaço moderninho, mistura de cowork com incubadora de ideias e negócios.

Enquanto eu mergulhava no meu quintal, Tatiana largou seu emprego para viajar pelo mundo. Ela jogou para o alto a carteira assinada e, ciclista apaixonada por aventuras, foi pedalar nos Estados Unidos e Nova Zelândia, onde ganhou um novo amor: a agricultura urbana. As hortas já eram moda em São Francisco, cidade mais descolada da América. Assisti maravilhada à palestra da Tati. Não só pelo conteúdo, mas também por existir uma plateia ligada no assunto. Finalmente tinha encontrado minha turma. Naquela noite vi pela primeira vez pessoas que se tornaram importantes na minha vida e na história da Horta das Corujas, como Susana Priz, Lucas Ciola, Popó (Paula Lopes), Sasha Hart e vários outros que a memória não registrou, mas cuja trajetória se entrelaçou com a minha a partir dali. Terminada a apresentação, levantei o braço e comentei sobre a experiência caseira. Eu e Tati começamos a conversar e uns meses depois ela me convidou para ser parceira num próximo workshop sobre o tema.

Aconteceu em julho de 2011 uma aula dividida em duas partes: Tati falando do mundo, eu dando um panorama da crise mundial dos alimentos e dicas para plantar comida em casa. Dessa parceria surgiram os Hortelões Urbanos (primeiro como um grupo de e-mails e até hoje no Facebook). A ideia era criar um ponto de encontro online para que aquelas trinta pessoas que apareceram na palestrinha trocassem informações sobre como plantar alimentos na cidade. Sugeri para Tati que fundasse o grupo e ela veio com esse nome lindo: hortelão, palavra naquele momento totalmente esquecida no Brasil, mas que em Portugal ainda era usada para categorizar a pessoa que faz horta. Feminino: hortelã. Adoro ser uma hortelã.

Tati Achcar e Claudia Visoni, a dupla de jornalistas que as hortas urbanas uniu, na verdade já tinham seus destinos meio enredados por muitas sincronicidades e um bairro. Como já disse, eu cresci na rua Pereira Leite, pertíssimo do local onde hoje existe a Horta das Corujas. E na rua de baixo ficava a escola Hugo Sarmento (hoje demolida para a construção de mais um prédio) onde minha mãe, Wanda, dava aulas e foi a professora da Tati na quarta série primária. Mais coincidência: nós duas trabalhamos na mesma empresa, a então toda-poderosa Editora Abril. Eu comecei como repórter freelancer na revista *Placar* em 1986, depois fui contratada pela revista *Náutica*. De 1988 a 2000 mergulhei nas femininas: *Claudia, Capricho, Elle* e *Boa Forma*, onde me tornei diretora de redação. Tati era repórter do mundo dos negócios e nos desencontramos por pouco. Eu saí da Abril nos primeiros minutos do novo milênio para dirigir o portal Obsidiana (start up de internet) e ela chegou à empresa em 2001.

Zeitgeist

Antes de conhecer essa ainda minúscula galerinha, eu me sentia uma ET apaixonada por produzir a própria salada perdida num planeta em que ninguém mais achava graça nisso. O isolamento acabou com a confluência propiciada pelos Hortelões Urbanos, grupo que seria a incubadora da Horta das Corujas.

Paralelamente às conversas pela rede social, conexões estavam se formando também em encontros presenciais. Naquela noite no Hub que mudou minha vida, conheci também Susana Priz, acompanhada do seu pai, Benjamin, que comentou sobre os grupos de que participava. Uma hora perguntei: "Vocês se encontram em algum lugar? Posso ir?" Ela disse que fazia parte do Coletivo de Semeadores. As reuniões aconteciam no apartamento da Su, num predinho simpático do condomínio que é conhecido como "BNH da Vila Madalena", a 200 metros da futura Horta das Corujas. Lá pude conversar pela primeira vez com Lucas Ciola, companheiro de tantas aventuras. E Denise Moura Leite, com quem vira e mexe encontro pela vida afora nas mais diferentes situações. Era tudo muito novo, um grupo de ambientalistas se aproximando da ideia do cultivo de alimentos em espaços públicos sem ideia de por onde começar. Sabe quando chega o momento de uma ideia se espalhar? O tal *zeitgeist* dos alemães soprava a nosso favor. A gente não tinha noção de que havia muitos outros nessa trilha de reconexão com o plantio de alimentos na cidade.

No boca a boca e clique a clique, os hortelões urbanos foram se juntando. Num primeiro momento, principalmente os paulistanos. Depois começaram a ingressar pessoas de várias partes do Brasil, brasileiros morando no exterior e gente de outros países. Passada mais de uma década, o grupo do Facebook conecta 85 mil pessoas, número de participantes mais ou menos estabilizado. Um estádio de futebol gigante lotado de gente. Aliás, o maior estádio do Brasil, já que no Maracanã não cabem 80 mil pessoas. Cada indivíduo dessa multidão inteira guarda pelo menos uma historinha para contar sobre suas experiências na rede social. Quando vou viajar para algum local (e sempre viajo para conhecer ações de agricultura urbana), aviso lá. Assim ganhei um cicerone em Santiago do Chile, Gui Benevides, que me levou para o meio das manifestações em dezembro de 2019, assim me aproximei da Yayenca Uy, pesquisadora uruguaia e ativista das hortas escolares que mora no Rio de Janeiro. Assim conheci Joaquim Moura, pioneiro dessa história toda, que vive em Visconde de Mauá (RJ) e é o editor brasileiro da revista *Urban Agriculture*. E a xará Claudia Lima, que criou horta comunitária em Salvador. Também o Christovam Guerra, de Recife, que cultivava um "latafúndio" (horta em latas) na varanda do apartamento.

Os Hortelões Urbanos foram crescendo e conexões preciosas foram se consolidando. Mas, como é o próprio das redes sociais online, as tretas também começaram a aparecer. Posts de política, brigas entre veganos e onívoros, gente que aparecia só para zoar ou ser *hater* e estava atrapalhando a conversa sobre as plantas. As brigas eram longuíssimas, às vezes tensas, às vezes hilárias, em geral ambas as coisas. Precisávamos de mais ajuda para cuidar do grupo. E a Mirinha Cenamo (que em breve vou apresentar) encontrou três participantes queridas com vocação para semear boas conversas: Monica Meira (fera da agricultura urbana de Porto Alegre e cicloativista, entre mil coisas), Tania Quintaneiro (nossa socióloga sempre atenta à paz nos posts) e Celia Goes (a mulher do dedo verde, que mora em Marília, tudo faz brotar e ainda deixa a gente babando com os quitutes veganos que cozinha). Pronto, a equipe de administradoras ficou completa! Sete mulheres que não se conheciam e a agricultura urbana juntou. Se a conta não fechou é porque a Andrea Pesek e a Mity Hori ainda não entraram na história, mas chegam daqui a pouco. São muitas horas de trabalho dedicadas a manter o grupo legal.

Na mesma época da efervescência agrícola urbana no Facebook começavam a aparecer notícias sobre hortas virando moda nos Estados Unidos. Minhas antenas jornalísticas sintonizaram a oportunidade de usar o colonialismo a favor da causa. Explico: aqui no Brasil valorizamos demais o que vem da Europa e Estados Unidos. A mídia está incluída no pacote. Jornalistas brasileiros costumam acompanhar de perto o que é *hype* (onda do momento) nos países ricos e amam copiar. Mas essa ideia não tem nada de estrangeira. Nossos antepassados desde sempre cultivavam hortas em casa, e o hábito só começou a desaparecer depois da Segunda Guerra Mundial. Por influência justamente do modelo consumista gringo. Deixando o criticismo de lado, percebi que teríamos boa vontade dos veículos de comunicação.

Anjo Gabriel

Tati e eu estávamos bem animadas com nossas aulas e certa noite nos reunimos em minha casa para organizar mais uma. Um olho no roteiro e outro na conversa da rede social. Aí entrou um jovem (pelo menos o imagino como jovem) chamado Gabriel (lembro o nome, jamais o sobrenome) e provocou: "Vamos ficar só nessa conversa de minha salsinha na sacada, meu manjericão no vasinho? A gente não vai para a praça fazer uma horta comunitária?". A torcida se animou e o plano pegou fogo. Quando conto essa história, brinco que o tal Gabriel devia ser um anjo e não uma pessoa. Ele jogou o assunto na roda e desapareceu para sempre.

Estava dada a largada para o planejamento de uma horta comunitária. Como ninguém se conhecia ao vivo, precisávamos de uma reunião presencial. Votamos o lugar. Alguns queriam que fosse perto do Centro Cultural São Paulo, mas o pessoal da região de Pinheiros era mais numeroso. Venceu a padaria Villa Grano, que até hoje existe na esquina da rua Wisard com a Fradique Coutinho, um dos pontos mais agitados de São Paulo. Agendamos. Os primeiros que chegaram (nunca eu, eternamente atrasada) juntaram mesas e escreveram sobre um papelão "Hortelões Urbanos". Gatos pingados foram se juntando. Nessa noite conheci André Biazotti, pesquisador e articulador da agricultura urbana no Brasil todo; Estela Cunha, que depois mergulhou fundo na permacultura e foi viver e plantar na região de Parelheiros; e Alê Cruz, que trabalhava na Fazendinha e até hoje encontro por aí nos rolês das sementes de um mundo mais verde.

Do encontro saíram dois grupos de trabalho. Um iria organizar uma plataforma online de mapeamento e compartilhamento de ferramentas, insumos e recursos para hortas urbanas. O outro iria transformar em realidade o sonho da horta comunitária. Eu abracei o segundo. Começamos a trocar ideias pela internet e mais uma reunião foi agendada, dessa vez na minha casa. O projeto começou a ser escrito com a ajuda de pessoas que faziam parte do Movimento Boa Praça e tinham experiência com editais.

Aqui outro parênteses para explicar o Movimento Boa Praça. Essa articulação pioneira na ocupação comunitária dos espaços públicos em São Paulo começou em 2008 quando a filha da Cecília Lotufo, Alice, pediu para que sua festa de 5 anos fosse na pracinha perto de casa, no caso, a François Belanger, ali no cocuruto do Sumarezinho, entre duas ruas que parecem avenidas: Heitor Penteado e Cerro Corá. A praça começa na rua Araioses e desemboca na já famosa rua Pereira Leite ou vice-versa. Um local a 300 metros da casa onde cresci e a menos de 1 km da Horta das Corujas. Ocorre que a tal pracinha estava mal cuidada, e Cecília propôs à filha que abrisse mão dos presentes de aniversário para que os convidados oferecessem melhorias àquele local. Deu tão certo que isso gerou um movimento que inspirou muitos outros e foi o embrião da supercomunidade das vilas Jataí, Ida e Beatriz-Ecobairros. Esse pessoal iniciou as composteiras comunitárias de São Paulo, sabe fazer festas juninas incríveis, encontros, eventos, compras comunitárias, projetos de redução de lixo e muito mais.

Guerrilha!

Fecha parênteses e voltamos à reunião noturna na minha casa onde um grupinho de hortelões escrevia um projeto de horta comunitária cheio de itens. A proposta era apresentá-lo à prefeitura solicitando permissão para uso de espaço público. O documento ganhava páginas e mais páginas enquanto dissidentes conversavam ao ar livre, na laje onde fica minha horta suspensa. Baixou o espírito libertário e alguém disse: "Isso está ficando muito chato. Não quero documento nenhum. Quero fazer a horta na base da guerrilha. Ir lá, plantar e pronto".

Sim, guerrilha. Até hoje evitamos usar essa palavra para não dar mal-entendido, mas, no ativismo ambiental planetário, guerrilha verde não tem nada a ver com armas e violência. Significa simplesmente plantar num espaço público anonimamente, sem receber pagamento, sem pedir autorização. Muitas hortas comunitárias começam mais ou menos assim.

A ideia da guerrilha recebeu vários apoios. Então o encontro mudou de rumo. Pela primeira vez começaram a mencionar a praça das Corujas como uma grande área verde onde caberia uma horta. Estávamos nesse ponto do "então é só ir lá e plantar".

Agora a gente faz uma pausa no relato da gestação da horta para visitar as eras de um lugar. Vou mencionar as informações que recolhi até hoje e deixo para os historiadores a missão de aprofundar os relatos e checar os fatos.

Buraqueiras

Esse canto de São Paulo, hoje conhecido como praça das Corujas, há pouco mais de um século ainda era Mata Atlântica intocada. No mapa cartográfico da região de Pinheiros, em 1913, o córrego das Corujas aparece pertinho da estrada da Boiada (atual avenida Diógenes Ribeiro de Lima). Esse era o caminho dos rebanhos vindos do interior em direção ao matadouro da Vila Mariana, linda construção de tijolos aparentes inaugurada em 1887 e que ainda está de pé, abrigando a Cinemateca Brasileira. Não há nenhum registro de ruas ou praças. A área no entorno do riacho era rural, com a presença de remanescentes florestais. Nos anos 1930 e 1940 a rua Natingui era chamada de rua do Futuro, estava rodeada de chácaras, e bem onde se alarga havia duas araucárias enormes, uma de cada lado. Mais ou menos na época da Segunda Guerra Mundial, o lugar onde hoje é a horta abrigava a chácara do Plácido, que vendia hortaliças para a vizinhança. O bairro, bem longe das regiões mais valorizadas da cidade, abrigava principalmente famílias pobres de origem portuguesa. Rio abaixo, perto do atual sacolão, havia uma plantação de peras e muitas corujas-buraqueiras, aquelas que protegem seus filhotes em buracos no chão. Vem daí o nome, e meu sonho é ver corujas de volta ao bairro. O transporte de mercadorias pela cidade dependia de carroças, o vale entre a horta e a montanha sobre a qual está a rua Heitor Penteado era uma área de pastagem e abrigo de animais, espécie de pasto comunitário. cujo chão consistia em um barro preto que grudava nos pés.

Como eu sei desses detalhes? Em 2017, cinco anos após a inauguração da Horta das Corujas, dei uma entrevista para a Rádio USP, coincidentemente onde comecei a carreira de jornalista. Dias depois o pessoal da rádio me ligou para perguntar se poderia passar meu contato para um ouvinte. Era Rodolfo de Jesus Madaleno, então com 89 anos. Nascido no bairro em 1928, ele lembrou de sua infância ao me ouvir falar da horta. Combinamos de marcar um encontro para que relatasse suas memórias para um grupo de voluntários e ativistas da região. E assim foi feito. A conversa ficou gravada, graças a Licia Beccari e Sergio Correa. É só pesquisar pelo nome do Sr. Rodolfo no grupo de Facebook da Horta das Corujas para ver o depoimento dele.

Lá pelos anos 1950 a região virou um descampado e começou a ser loteada. Em 1964, Miriam Pils Machado mudou com a família para a casa 184 da rua Juranda, a 50 metros de onde hoje é a horta. Conversei com Dona Miriam e suas filhas Marta e Mirtes no sábado de carnaval de 2023. Pelas fotos de família vi que seis décadas atrás o bairro ainda tinha jeito de zona rural e, sobre o córrego, havia apenas uma ponte de madeira. Elas me contaram que mais ou menos onde hoje fica nossa composteira existiam dois barracos de madeira, um habitado por Dona Benjamina e seu filho e o outro pelo Seu Dito. Contatos e sobrenomes se perderam no tempo. Dona Miriam é a voluntária mais idosa que a horta já teve. Enquanto a saúde permitia, ela pegava firme na enxada. Caso você seja íntimo dos canteiros, pode ir lá olhar o sabugueiro e a estomalina que Dona Miriam plantou perto da cerca no lado direito de quem entra, antes da subida.

Já o personagem mais famoso do pedaço nas décadas de 1960 e 1970 era Felipe Martins, o Felipe Boiadeiro. O canto onde fica a horta, inclusive, era conhecido como "fazendinha" ou "Sítio das Corujas". Seu Felipe ocupava o espaço com seus cavalos e os alugava para filmagens de televisão, cinema e comerciais. Ele e seu filho, Daniel, chegavam a aparecer como figurantes em algumas ocasiões, conduzindo os animais. Mesmo estando a área largada pelo poder público, a praça Dolores Ibarruri foi criada por decreto da prefeita Luiza Erundina em 1989. E continuou abandonada. Dolores Ibarruri, aliás, é o nome de uma líder comunista espanhola que lutou na Guerra Civil daquele país nos anos 1930 e ficou conhecida como La Pasionaria, a quem é atribuída a frase: "No passarán!".

Só em 1994, já na gestão Paulo Maluf, rolou ação de reintegração de posse, sob protesto de alguns moradores. O barracão do seu Felipe foi demolido e os animais ficaram sob custódia do Estado. O Boiadeiro, que já tinha cerca de 80 anos, morreu poucos meses depois. Conversei algumas vezes com seu filho Daniel, que se tornou jardineiro pelo bairro e dizia com orgulho terem sido eles que plantaram as bananeiras que até hoje estão na horta. Durante o período em que escrevia esse livro, foi uma surpresa alegre receber a visita do Daniel quando trabalhava sozinha na horta num domingo. Conversamos um pouco sobre velhos tempos e agradeci o bananal plantado por eles e que lá está até hoje.

Alguns anos depois a praça ganhou uma quadra de esportes e iluminação. Em 2006 começaram articulações de moradores e lideranças locais por uma reforma bacana. A obra foi entregue em 2010 com a presença do então prefeito Gilberto Kassab. Projeto chique e considerado vanguardista, com Menção Honrosa do Instituto dos Arquitetos do Brasil (IAB) em 2008. Os autores, a arquiteta e paisagista Elza Niero e Paulo Pellegrino, ex-professor da Faculdade de Arquitetura e Urbanismo da Universidade de São Paulo, criaram biovaletas para direcionar e infiltrar a água da chuva. Essa é uma técnica da infraestrutura verde ou Soluções Baseadas na Natureza, método de planejamento urbanístico inspirado na natureza. As valetas com pedras serviriam para reduzir a velocidade da água e facilitar sua infiltração e filtragem pelas plantas, limpando a água antes de sua chegada ao córrego e, posteriormente, ao rio Pinheiros, onde desemboca. Infelizmente, o projeto não foi plenamente compreendido e implantado pela construtora que fez a obra, que concretou as biovaletas. Conversei algumas vezes com Paulo Pellegrino e, para nós, criadores e voluntários da horta, é muito bom ter contado com o apoio dele desde o início.

Para saber mais detalhes sobre a história da região e, mais especificamente, da praça, vale a pena consultar os artigos e a tese de mestrado do geógrafo Gustavo Nagib, meu querido Guga, com quem encontrei pela primeira vez nos tempos iniciais da horta, na condição de entrevistada. O título é: "Agricultura urbana como ativismo na cidade de São Paulo: o caso da Horta das Corujas".

CAPÍTULO 2
Mãos à horta

Madalena e a prefeitura

Então estávamos assim: hortelões urbanos se conhecem ao vivo, decidem fazer uma horta comunitária na praça das Corujas, desistem de montar projeto e ir atrás da burocracia da prefeitura. Mas por onde começar?

Aí entra em cena uma pessoa importantíssima para a criação da horta: Madalena Buzzo. Eu tinha sido apresentada a ela pela Joana Canedo, minha amiga do grupo de mães da escola dos filhos (OPS Vera Cruz). Nosso primeiro encontro foi no Fórum de Desenvolvimento Sustentável da região de Pinheiros em novembro de 2011, ocasião em que descobri a existência do Conselho de Desenvolvimento Sustentável, Meio Ambiente e Cultura de Paz (Cades). Na época fiquei abismada porque mesmo uma pessoa como eu, tão interessada em questões ambientais, desconhecia a existência do conselho, ainda hoje pouco divulgado. Há um Cades central, o Cadão, e vários Cades regionais, um para cada subprefeitura de São Paulo. Não me pergunte por que a sigla não bate com o nome oficial. O fato é que no mês seguinte eu já estava participando como ouvinte das reuniões do Cades e, em maio de 2013, me candidatei e fui eleita um dos oito conselheiros da sociedade civil.

Madalena, que mora na avenida das Corujas, bem em frente à praça, já era conselheira do Cades-Pinheiros em 2011 e muito engajada em todos os assuntos relacionados à manutenção da praça. Sua carreira de ativista começou logo depois da reforma, quando ela percebeu que a obra tinha ficado linda, mas a prefeitura não ia cuidar da limpeza. Mais de uma década depois, enquanto estou aqui escrevendo, o contrato bilionário da prefeitura de São Paulo com as empresas de limpeza pública ainda não inclui as áreas internas das praças. Se você mora na mesma cidade que eu e a praça perto da sua casa está sempre limpa, provavelmente um grupo de vizinhos, em geral liderado pelas mulheres, faz a limpeza ou contrata alguém para a tarefa. Em 2023 é a Elen Godinho que organiza a vaquinha na praça das Corujas, mas naquele primeiro momento foi no improviso: Madalena simplesmente pegou a vassoura e foi ela mesma tirar o lixo.

A ação da Madalena no período pós-inauguração-de-projeto-premiado, no entanto, foi muito além. Ela ficou responsável por vigiar e ajudar a cuidar de uma composteira experimental de alvenaria instalada em 2011. Para quem conhece o local, são aquelas três baias de concreto com cerca de 1,50 m que hoje ficam dentro da horta. Na verdade, estou narrando a criação de um monumento histórico: a primeira composteira em espaço público da cidade de São Paulo. Ela foi idealizada por Pedro Agustin Perez, já falecido, que era funcionário da Secretaria do Verde, e abraçada pela Madalena. Não teve inauguração, e a composteira era meio secreta. Tinha a função de absorver parte das folhas secas recolhidas na praça e evitar que esse material orgânico limpo e riquíssimo fosse encaminhado para o aterro sanitário, que é infelizmente seu destino mais comum.

Aliás, nenhuma poda, galho, árvore removida ou folha seca deveria ir para o aterro sanitário ocupar espaço, causar gastos públicos e se contaminar com outros tipos de resíduos. É a matéria-prima do solo, o que lhe devolve fertilidade e garante a umidade nos períodos de estiagem. Se houvesse uma legião de varredores na Amazônia retirando as folhas secas que caem todos os dias, a floresta seria extinta. Na natureza funciona assim: árvores derrubam folhas, que nutrem e mantém a água no solo. Galhos e árvores inteiras caídas também são alimento para os microrganismos da terra, que os degradam e literalmente os transformam em adubo.

A ideia de manter a composteira da praça das Corujas de maneira discreta se baseava em vários receios: reclamação dos vizinhos leigos que desconhecem essa maravilha chamada compostagem, transformação em moradia por moradores de rua e possibilidade de virar ponto de despejo de lixo e entulho. Ninguém sabia se a experiência teria sucesso. Madalena pegou a tarefa de dar o alerta caso algo indevido acontecesse. Então a composteira é, de certa forma, irmã mais velha da horta, que foi demarcada no entorno dela.

Eu, que tinha ouvido essa história por alto, lembrei do assunto quando me meti no grupo que estava organizando o primeiro seminário de compostagem da Prefeitura de São Paulo. Devemos esse encontro também histórico ao ex-vereador Gilberto Natalini e ao Claudio Spinola, pioneiro dos negócios ambientais em São Paulo, fundador da Morada da Floresta, no Butantã, que começou fabricando minhocários e hoje oferece diversos produtos e serviços. Foi da boca do Claudião que pela primeira vez ouvi a palavra permacultura. Nos meus tempos de agricultora iniciante solitária, lá por 2009, vi uma reportagem na *Folha de S. Paulo* onde sua família aparecia como modelo de estilo de vida ecológico na cidade. Amei! Ecochata que gosta de morar em São Paulo, senti identificação imediata. Telefonei, Claudio foi supergentil e agendamos uma visita para eu conhecer de perto a Morada. Esse encontro foi o começo da minha trilha para virar permacultora.

O tal seminário de compostagem de São Paulo teve como nome oficial Destinação Adequada de Resíduos Orgânicos e aconteceu em 10 de agosto de 2012, durante o dia inteiro, na Câmara Municipal de São Paulo. Foi uma proposta do Claudião para o vereador Gilberto Natalini. Não lembro como entrei para o grupo que estava ajudando na organização, mas ali conheci mais pessoas interessadas em horta, composto, menos lixo e mais natureza na cidade. Uma delas é a Christine Parmezani Munhoz. Uma hora me vi lá numa das salas de reunião da Câmara Municipal propondo que a experiência da composteira da praça das Corujas fosse apresentada no evento. E peguei a tarefa de falar com Madalena Buzzo e conhecer de perto a composteira corujeira. Em junho de 2012, pela primeira vez, pus os pés no lugar onde hoje é a horta. A conversa foi boa e já estava indo embora quando fiz o seguinte comentário:– Madalena, se você começar a ver pela praça uns pés de couve e salsinha plantados, somos nós. Queremos fazer uma horta comunitária aqui, mas não temos disposição para enfrentar a burocracia da prefeitura.

A resposta foi encorajadora:

– Eu conheço o subprefeito. Vou mandar um e-mail para o Coronel Sérgio e explicar os planos de vocês.

Caminho aberto

Estávamos na gestão do prefeito Gilberto Kassab. Coronel Sérgio Teixeira Alves tinha sido nomeado subprefeito de Pinheiros e o e-mail da Madalena para ele teve um efeito muito melhor do que poderíamos sonhar: sem nenhuma burocracia, ele topou! E mandou um recado que guardo no coração até hoje: "Podem fazer a horta, mas façam direito. Caso contrário mando os tratores destruírem tudo". Nunca o encontrei pessoalmente, mas sou eternamente grata. Na base do papo reto, abriu os caminhos para nós. O melhor de tudo é que a ideia da horta conquistou Madalena, que trouxe seu entusiasmo, conhecimento e dedicação. Foi ela quem recepcionou a equipe de técnicos da subprefeitura pela primeira vez e mostrou o local que tínhamos escolhido. E recebeu deles uma orientação seríssima que também continuamos obedecendo: não plantar árvores na horta, assunto que vai para um próximo capítulo.

A turma da guerrilha verde não precisava mais agir na clandestinidade. O próximo passo foi marcar uma conversa no local com os interessados no mãos à horta. Essas articulações iniciais também tiveram enorme contribuição da Joana Canedo, que não só me apresentou a Madalena como abraçou a ideia, redigiu cartas para a subprefeitura, cuidava do blog e organizou várias das primeiras oficinas da horta. Mais uma vez as mães da OPS Vera Cruz mostravam o caminho das pedras para atividades ligadas à coletividade, ocupação saudável do espaço público e sustentabilidade. Um ativismo leva a outro, sempre. As conexões informais entre as pessoas e os coletivos que trabalham pelo bem comum são muito poderosas. Nosso dia a dia é tecer relacionamentos e partir para o manejo diário com as coisas que precisam ser consertadas no mundo. Ou seja, atender quem nos procura, encaminhar as demandas, ir passando contato de um para o outro. Se perguntam quem são os cidadãos envolvidos em qualquer assunto ambiental na cidade, talvez eu não saiba, mas provavelmente tenho um colega que sabe. E assim seguimos.

O próximo passo era juntar a turma. Joguei uma mensagem no grupo Hortelões Urbanos para convidar os interessados, e o primeiro encontro dos futuros voluntários aconteceu em 14 de julho de 2012, um sábado de sol, no platô acima da horta, onde donos de cachorros levam seus pets para brincarem juntos e livres.

Onze anos se passaram entre o planejamento da horta e a elaboração deste livro. Nesse período, troquei de computador duas vezes, perdi alguns HDs e back-ups, mas sobraram alguns registros como, por exemplo, a ata dessa primeira reunião e a carta enviada ao Coronel Sérgio formalizando o pedido de criação da horta.

Ata da 1ª Reunião do grupo de voluntários
da Horta das Corujas

Data: 14/7/2012

Participantes: Christine Munhoz, Claudia Visoni, Eduardo Cabelo, Eliane Koseki, Estela Cunha, Fernando Oliveira, Gabriela Arakaki, Giovana Gron, Isaac Kojima, José Prata, Julia Marazzi, Juliana Diehl, Julio Fernandez, Laura Villani, Letícia Momesso, Luciana Spina, Luciano Lobo, Luigdi Diniz, Madalena Buzzo, Miriam Salles, Rodrigo Caccere, Talita Salles, Tânia Carlos

Relato: Madalena Buzzo e Claudia Visoni explicaram como foi obtido o apoio da Subprefeitura de Pinheiros, Secretaria do Verde e Centro de Zoonoses para a implantação da horta. Os presentes assinaram o abaixo-assinado que acompanha o requerimento que será entregue à prefeitura para oficializar a permissão do uso de uma área na Praça das Corujas para o plantio de hortaliças. Madalena Buzzo relatou sua experiência como Conselheira dos Cades (Conselho Municipal do Meio

Ambiente e Desenvolvimento Sustentável) e articuladora da comunidade do entorno da praça. Em breve, a prefeitura providenciará o cercamento local da futura horta e da composteira por um alambrado de 1 m de altura.

Houve uma roda de apresentação em que todos explicaram por que resolveram participar do projeto e falaram sobre sua disponibilidade. Cerca de oito pessoas moram na região e podem trabalhar na horta diversas vezes por semana. Os demais se interessam em participar dos mutirões que ocorrerem nos finais de semana.

Foi salientado que se trata de um projeto experimental que poderá gerar subsídios para a implantação de hortas comunitárias em outras regiões da cidade.

O local conta com um olho d'água e uma parte permanentemente encharcada. Como não há torneira na praça, a ideia é utilizar essa água que brota naturalmente para a irrigação. Analisar a água que será usada na irrigação e amostras do solo é uma das sugestões.

Surgiu uma proposta de iniciar os trabalhos fazendo a adubação verde, para aumentar a fertilidade do solo.

Além do plantio, o local deverá ser um ponto de convivência comunitária e aprendizado socioambiental. Foi proposta a realização de uma oficina de compostagem para incentivar os moradores do bairro a transformarem em casa o resíduo orgânico em adubo. A composteira instalada na praça já não está dando conta das folhas secas ali recolhidas e por isso não pode ser usada pela população para o descarte de lixo orgânico.

O envolvimento das escolas da região também seria muito bem-vindo e integrantes do grupo têm interesse em iniciar o diálogo com Olavo Pezzoti, Hugo Sarmento e Oswald de Andrade.

Próximos passos:

– Encontrar uma caixa d'água (preferencialmente descartada) para fazer o reservatório de água.

– Providenciar material para a cobertura do reservatório.

– Entrar em contato com as 3 escolas.

– Conseguir sementes para adubação verde.

– Agendar o primeiro mutirão de trabalho.

Carta enviada em julho de 2012 para o Coronel Sérgio Teixeira Alves, subprefeito da região de Pinheiros, solicitando a autorização para a Horta das Corujas

A Associação das Corujas e o Movimento Hortelões Urbanos valem-se do presente para encaminhar o abaixo-assinado em anexo que solicita sua autorização para construirmos uma Horta Comunitária dentro da Praça Dolores Ibarruri (antiga Praça das Corujas) com o objetivo de implantarmos Educação Ambiental interativa, gerando assim encontros entre pessoas de várias áreas e conhecimentos diversos que disseminem informações importantes para alcançarmos Qualidade de Vida e Convivência Social.

> Com o intuito de tornar essa Horta Comunitária um modelo para a cidade de São Paulo e cientes da grande responsabilidade decorrente dessa meta, buscamos e temos o apoio da Secretaria do Verde em questões técnicas, sementes e ferramentas de manuseio da horta e também temos o comprometimento dos Agentes da Zoonose local para monitorar periodicamente o espaço com o objetivo de manter sob controle a existência de vetores prejudiciais à saúde.
> Esclarecemos ainda que formaremos um grupo de voluntários da comunidade para a manutenção diária da horta.

Primeiros mutirões

Tirando Madalena, os restantes 21 que estiveram na reunião eram completos desconhecidos para mim. Uma minoria se envolveu de verdade com a horta. Mas quase todos se tornaram de alguma forma companheiros nesse movimento de trazer a natureza para a cidade e reconectar com a origem dos alimentos.

Uma dessas pessoas novas virou minha amiga: Miriam Cenamo Salles, a Mirinha, que morava no bairro e viu a mensagem nos Hortelões. Muito mais experiente do que eu com plantas e vida alternativa, ainda trouxe a filha, Talita, então recém-formada pela Faculdade de Arquitetura e Urbanismo da USP, que tinha acompanhado as visitas da professora Elza Niero durante a reforma da praça como atividade universitária. As duas foram importantíssimas para que a horta virasse realidade.

Começamos a trabalhar rápido. Mirinha, expert em tecnologia, criou um blog que atualizamos até 2015 e continua no ar, porém congelado: www.hortadascorujas.wordpress.com. E o grupo no Facebook da Horta das Corujas (com mais de 6 mil membros enquanto escrevo esse capítulo) foi inaugurado logo na segunda-feira, 16 de julho, 48 horas após a primeira reunião. Na terça, Madalena

Aponte seu dispositivo para acessar
http://www.hortadascorujas.wordpress.com

já tinha ido conversar na subprefeitura e trouxe a notícia de que a mão de obra para fazer a cerca seria oferecida pelo município. Mas o material nós teríamos que comprar. Fizemos uma vaquinha e assim foi adquirido o alambrado. Com os postinhos de metal demos sorte: apareceu um monte lá na subprefeitura. Tinham sido retirados de algum lugar e iriam para o lixo. Aproveitamos!

O primeiro mutirão foi agendado para 29 de julho, domingo. Tínhamos uma missão muito especial: começar a cavar a cacimba (reservatório de água), ideia da Madalena. Sem a vivência rural dela, aliás, não existiria Horta das Corujas. No dia da primeira reunião, eu, ingênua, achava que o fornecimento de água seria feito pela prefeitura/Sabesp. É só ligar e pedir um cano, sugeri. Madalena avisou que não existe como abastecer uma praça com água em São Paulo. Apenas os parques têm banheiros e pontos de água. Eu quase desisti da horta naquele momento. Para que plantar se não teríamos como regar?

Mas a colega, nascida na zona rural de Fernandópolis, interior de São Paulo, explicou que um trecho do lugar escolhido para instalar a horta virava lama sempre porque tinha água embaixo. Ali, onde ninguém gostava de passear com o cachorro, bastava fazer um buraco que a água viria à tona. Olhei para o chão duro e seco (estávamos no inverno) e duvidei, mas mantive a boca fechada.

No dia marcado, saí de casa com algumas ferramentas na mochila e um rolo de sisal. Precisávamos demarcar os limites da horta. Estacionei perto do córrego e encontrei um monte de tochas de bambu descartadas numa caçamba. Peguei tudo e levei para a futura horta. Ao chegar vi que já havia algumas pessoas trabalhando. Desenhamos assim as fronteiras que permanecem até hoje. Na parte superior direita fizemos um recuo para respeitar a área onde as crianças costumavam fazer esquibunda (esporte improvisado que consiste em escorregar no gramado sentado sobre papelão). Não queríamos estragar a brincadeira, então, o formato da horta não é um retângulo certinho. Tem uma face diagonal, chanfrada.

Dali a pouco chega o Luciano Carneiro Lobo, irmão da Mirinha, com uma caixa d'água quebrada que tinha encontrado pelo caminho e amarrou no teto do carro. Justamente o que mais precisávamos! Ela está lá até hoje. É nossa Cacimba 1. Esse foi o primeiro mutirão de que participei na vida. Ainda não estava habituada com o jeito coletivo, informal, horizontal e improvisado de trabalhar. As pessoas começam a fazer as coisas sem planejar, vão trocando ideias e tomando decisões. Agora, com milhares de horas de experiência, continuo maravilhada com essa metodologia milenar intuitiva. Para mim, a escolha do local da Cacimba 1, a decisão logística mais importante já tomada na horta, foi desconcertante. Talita, a jovem arquiteta, olhou o espaço e falou: aqui! Ela estava pensando na circulação, como se estivesse projetando uma casa ou uma praça. O local escolhido não era na parte baixa e mais úmida, mas um tanto acima. Eu fiquei morrendo de medo de não dar certo, mas fechei a boca de novo. E foi a melhor atitude. Com a experiência, aprendi que é no desnível que brotam as nascentes. Mas, na insegurança, logo cavamos outras cacimbas na parte baixa, que lá estão até hoje e servem só como mostruário do nível das águas, pois na época da seca ficam com pouquíssima água e mesmo no período das chuvas é mais confortável encher regadores nas cacimbas mais altas, que transbordam e são mais próximas dos canteiros mais elevados, que mais precisam de rega.

Esse primeiro trabalho foi do tipo sujo e pesado. Cavar mais de um metro de profundidade e uns dois metros de raio na terra dura cansa muito. Íamos nos revezando nas pás porque as ferramentas eram escassas e não há coluna vertebral que aguente muito tempo fazendo isso. Todo mundo, alto ou baixinho, homem ou mulher, fortão ou frágil, cavou um tanto. Estavam por lá Sasha Hart (pioneiro dos hortelões e hidrogeólogo, cujos conhecimentos de águas subterrâneas nos norteou), Joana Canedo, Jason Dyett, Mirinha, Talita, Madalena, eu, Cabelo e mais uma galera do Pedal Verde, movimento de ciclistas amigos das plantas que apareceu para dar uma força e ganhou serviço. Cyra Malta, agrônoma e uma das lideranças do Pedal

Verde, foi outra expert que ajudou demais com apoio, entusiasmo e conhecimento técnico. Ela trabalhava na Prefeitura de São Paulo gerindo as áreas verdes da Subprefeitura da Lapa e suas orientações sobre o uso do espaço público e as boas práticas de ações cidadãs também iluminaram nosso caminho.

Mesmo com tantos braços, não deu para terminar o serviço e todo mundo voltou para casa cansado, enlameado, feliz e com mais um mutirão na agenda. A cavação ia continuar no domingo seguinte, 5 de agosto de 2012. Mais ou menos a mesma turma apareceu. Ganhamos alguns pallets de madeira do Movimento Boa Praça, cavamos mais um montão, fizemos uns rasgos na parte de baixo da caixa-d'água para a infiltração e a encaixamos no buraco. Já tínhamos uma cacimba e a água começou a entrar!

O terceiro mutirão foi no sábado seguinte, 11 de agosto. E as ajudas continuaram vindo. Dez sacos de composto da Casa Jaya, restaurante vegano-permacultural pioneiro em Pinheiros que já não existe. Ganhamos também um caminhão inteiro de terra que a prefeitura tirou de alguma obra e despejou na horta. Só que, como aprenderíamos depois, era (e ainda é) uma terra de péssima qualidade, dura e sem matéria orgânica, que é difícil chamar de solo. Foi só então que começamos a plantar. Alguém trouxe mudas de tempero, eu levei mudas de taioba da minha casa, transplantamos algumas bananeiras acima da Cacimba 1. Ou seja, logo de cara começamos a criar uma área com vegetação mais densa no centro da horta, para aumentar a vazão das nascentes. Deu muito certo.

Os primeiros canteiros foram feitos com pallets, um jeito bem fácil de estruturar. É só retirar muito bem todas as raízes de capim ou grama que estão embaixo, de preferência cobrir com papelão (saco de ráfia ou manta drenante é ruim, por ser material feito de plástico), colocar o composto nos vãos das ripas de madeira e inserir as mudas.

Esse mutirão teve a presença da Thais Mauad, que era uma das lideranças do Movimento Boa Praça e continua ativíssima mesmo depois que a iniciativa se transformou em vilas Jataí, Ida e Beatriz-Ecobairros.

Thais, professora de patologia da Faculdade de Medicina da USP, inaugurou uma horta histórica entre a faculdade mais famosa do país e o Hospital das Clínicas em 2013. Também é uma das criadoras do projeto de compostagem comunitária em praças e atua no projeto USP Sustentabilidade, iniciado em 2021, ao qual está ligada a grande horta do campus Butantã (fica ao lado do Cepeusp, o clube esportivo da universidade) e já rendeu várias outras hortas.

O quarto mutirão foi no domingo seguinte, 19 de agosto. E durou o dia inteiro, das 9h às 16h, com uma turma trabalhando de manhã e outra à tarde. Mais dois canteiros foram criados. E começamos a sentir na pele também as dificuldades de atuar em espaço público: tivemos o primeiro episódio de vandalismo na forma de pallets incendiados. Então, esse mutirão começou com uma tarefa que mantemos ao longo dos anos: sempre que necessário, iniciar os trabalhos arrumando o que foi destruído. Com um pouco de tristeza, mas sem reclamações, busca de culpados ou discursos de ódio. Apenas consertar o que foi estragado, limpar a área e, se possível, reaproveitar materiais. No caso da madeira incendiada, usamos os pedaços na montagem de canteiros e incorporamos as cinzas à terra, já que esse é um ótimo adubo.

O mão na massa nem tinha completado um mês quando estabelecemos o primeiro sistema de funcionamento: mutirões todos os finais de semana a partir de 10h, alternando sábados e domingos, e uma escala de regas para que os canteiros pioneiros recebessem água todos os dias. Já tínhamos também um sistema de comunicação composto de grupo no Facebook, blog e e-mail. E também fizemos nosso primeiro erro: inserir pneus na horta para plantar dentro deles. Parece prático, mas pneus incluem ingredientes contaminantes, inclusive metais pesados. Com o tempo vão sendo liberados no solo. Além disso, esquenta e aprisiona as raízes. Anos depois penamos para eliminar os pneus da horta.

No começo de setembro já tínhamos feito uma vaquinha e conseguido dinheiro suficiente para comprar o alambrado que faria parceria com os postinhos de metal na confecção da cerca. Ainda em obras, recebemos os primeiros das centenas (milhares?) de grupos estudantis que visitam a horta. Eram estudantes da Escola Olavo Pezzotti, que fica a uns dois quarteirões da praça, trazidos pela professora Tatiana Uva. Madalena Buzzo e eu estávamos contando sobre a horta e veio a pergunta: "Vocês têm aquela planta que você encosta o dedo e ela fecha?".

Não tínhamos nenhum galhinho de *Mimosa pudica* (nome científico), mas resolvemos importar. Madalena pediu para parentes lá no interior catarem muda de dormideira e mandarem para São Paulo. A moita está até hoje na horta e faz o maior sucesso. Joana fez uma pesquisa e descobriu os mil nomes dessa planta: arranhadeira, catita, dorme-cadela, dorme-catita, dorme-dorme, dorme-maria, dormideira, erva-viva, juquiri-rasteiro, malícia, malícia-de-mulher, malícia-roxa, maria-dormideira, maria-fecha-a-porta, maria-fecha-a-porta-que-o-boi-já-vem, mimosa, morre, joão, não-me-toque, onze-horas, sensitiva, vergonha. Em inglês também: bashful mimosa, humble plant, sensitive plant, sleeping grass, tickle-me plant, touch-me-not, modest princess, shame plant.

No dia 16 de setembro, domingo, aconteceu não só mutirão como o primeiro evento de educação ambiental: Oficina de Sementeira, organizada pela Joana. Ela ensinou a usar vários recipientes, inclusive, caixa de ovos, para semear. Fez sucesso, atraiu crianças e vizinhos. E teve a ilustre presença de pessoas importantes do mundo agroecológico. Olhando as fotos que ainda hoje estão no blog aparecem Lucas Ciola, meu colega permacultor e um dos integrantes da pioneira Cooperativa de Semeadores; Andrea Pesek, a especialista em nascentes e jardins agroecológicos, com seu pai Jerry; e Rosângela Zanchetta, que mora a 100 metros da horta e naquela altura nunca ia imaginar que seu futuro era no campo. Hoje em dia vive com a companheira Karin Hanzi, mestra agroflorestal, no Epicentro Dalva, onde se especializou na produção de óleos essenciais. Não especificamente nesse mutirão, também esteve pela horta nos primeiros tempos a pesquisadora da agroecologia Clara Ribacamá.

Descontentes

Para quem mora na cidade, a palavra horta costuma criar uma imagem mental de canteiros grandes, pés de alface enfileirados e linhas organizadas de tomateiros carregados de frutos bem vermelhos. Mas o cenário na praça das Corujas nas primeiras semanas de trabalho na horta era bem diferente: um buraco aberto com uma caixa d'água velha enterrada nele, canteirinhos em pallets, uma "cerca" de bambus fincados no chão e amarrados com sisal. Nada lindo, muito menos glamoroso. Começaram as reclamações. Não lembro muito bem como nem quando. Aconteciam confabulações silenciosas sobre como nos expulsar e também gritos do nosso lado: "Vocês são loucos! Estão estragando a praça!". Os conflitos aconteceram durante mutirões e também em outros momentos de trabalho, até quando eu estava sozinha. Tentamos explicar que aquele era o começo de um processo, contar sobre o trabalho comunitário, a regeneração ambiental etc. e tal. Mas não tinha espaço para diálogo. Uma dessas pessoas me olhou com raiva e disse: "Não converso com gente como vocês".

A polarização estava formada. De um lado, o grupo de voluntários animados e a programação que tomava impulso. Do outro, o coro dos descontentes se inflamava. Seguimos com nossos planos, mas preocupadas. Estou colocando aqui no feminino porque, naquele momento e até hoje, as mulheres predominam no braçal e também na organização da horta.

Madalena veio com a notícia de que lá pelo dia 25 de setembro viriam cercar a horta. Nossa paranoia por causa das pessoas que nos acusavam de roubar espaço público era tanta que até hoje esse foi o único serviço em que não encostamos o dedo. Quem instalou tudo foram os trabalhadores contratados pela prefeitura. Comparecemos apenas para tirar fotos dos funcionários uniformizados em ação, para ter provas de que não fomos nós.

Aí eu tive uma ideia de jornalista: criar notícia. Era estratégia para fortalecer a horta e aumentar nossa proteção contra o grupo que queria seu desaparecimento. A gente vive numa sociedade em que as coisas que não aparecem na mídia passam despercebidas e há até dificuldade em acreditar nelas. Quando algo vira notícia, parece que sua existência se torna irrefutável. Sendo esse meu *métier* profissional, sei também que não faltam oferecimentos de pauta. Ou seja, pedidos de cobertura para jornalista, em geral negados. Quanto mais prestígio tiver o veículo de comunicação, mais solicitações acontecem. E 99,9% delas são ignoradas. Por isso eu evito ao máximo ir por esse caminho. Mas para defender a horta eu achei que valia a pena correr o risco de ser inconveniente. E suspeitava que tinha nas mãos uma proposta valiosa. Enviei um e-mail para Ricardo Gandour, amigo pessoal e naquela época o diretor de redação de *O Estado de São Paulo*. Funcionou!

Fiz um post no grupo Horta das Corujas do Facebook: "Amanhã às 16h uma equipe de reportagem do Estadão irá à horta para fazer entrevista e fotos. Seria legal alguns de nós estarem por lá trabalhando para as imagens ficarem com mais calor humano. Quem pode ir na horta nesse horário para trabalhar e aparecer no jornal?" Madalena, Joana e eu comparecemos.

Na quinta-feira, 27 de setembro, saiu uma matéria de página inteira anunciando para o mundo que um grupo de moradores da região da Vila Madalena iria inaugurar a horta no sábado. No mesmo dia, não sei como, saiu a reportagem do *Catraca Livre* e do *Vila Mundo*. Já estávamos na mídia. Agora era correr para organizar os últimos detalhes do evento.

Inauguração

A festa estava marcada para as 17h do sábado 29 de setembro e tinha até atração artística: show do músico e compositor Paulo Padilha, também morador do bairro, que topou emprestar seu talento para animar o evento. Tivemos também sistema de som profissional, cortesia da MPR Eventos, empresa de um amigo do Fernando Oliveira, voluntário dos primeiros mutirões. Montamos uma mesa de lanche comunitário, inaugurando uma tradição que vigora até hoje, e vieram muitos quitutes.

Por causa do tempo frio e garoento, os equipamentos ficaram protegidos debaixo de uma tenda emprestada pela Adventure Camp que atravessei a cidade para buscar. Estendemos uma fita na frente da porteira da horta e o cenário ficou com um aspecto bastante protocolar, tirando um detalhe: a ausência absoluta de qualquer existência oficial da horta. A única autoridade que compareceu foi o vereador Eliseu Gabriel, vizinho e simpatizante do projeto.

Vieram mais de 100 pessoas, a maioria hortelões ou moradores do bairro. Foi uma cerimônia rápida, singela e, para mim e várias outras pessoas, emocionante. Li o discurso que escrevi em nome dos voluntários, em seguida juntei as mãos com a Madalena e cortamos a fita. A porteira foi aberta, as pessoas entraram para visitar a horta e logo começou o show do Padilha, com os hits do disco que estava lançando: "Na lojinha de um real eu me sinto milionário".

A noite caiu e a horta estava inaugurada. Assim como uma nova fase na minha vida.

Discurso de inauguração da Horta das Corujas

Em nome dos voluntários da Horta das Corujas, desejo boas vinda a todos. Amigos, familiares, vizinhos, hortelões, jornalistas, autoridades.

Hoje estamos realizando um sonho: inaugurar uma horta comunitária nesse oásis verde de São Paulo que é a praça das Corujas.

Não que a horta esteja pronta. Como vocês podem ver, há montes de terra e muita área ainda sem cultivo. A horta só estará madura daqui a alguns anos e talvez nunca fique pronta. Isso porque é uma característica dos seres vivos estar sempre em transformação.

No dia 14 de julho de 2012 nos reunimos aqui pela primeira vez e só havia uma área descampada e uma composteira. Éramos cerca de 20 pessoas empolgadas com a ideia de trabalhar numa horta urbana.

Mas essa história começou meses antes, nas conversas do grupo Hortelões Urbanos. Vários membros manifestaram o desejo de cultivar alimentos coletivamente e aqui estamos hoje.

Felizmente, tivemos ótima receptividade do Conselho Municipal do Meio Ambiente e Desenvolvimento Sustentável (Cades) da Subprefeitura de Pinheiros, da Secretaria Municipal do Verde e do Meio Ambiente e, em especial, da cidadã Madalena Buzzo, conselheira do Cades e a mais animada dos voluntários da horta.

Agradecemos sobretudo ao Coronel Sérgio Teixeira Alves, subprefeito de Pinheiros, o imediato apoio ao nosso projeto.

Projeto? Mais parecia uma loucura.

Afinal, há dois meses todos os finais de semana abandonamos por algumas horas nossos companheiros, filhos e amigos para mexer na lama e pegar na enxada.

Já temos um pouco para mostrar. E daqui a alguns minutos vocês poderão passear entre os canteiros e ver como crescem fortes as couves, manjericões, alecrins, cebolinhas, berinjelas, tomates e taiobas que plantamos, entre várias outras espécies.

Mas o que acontece aqui vai muito além do plantio. Estamos juntando conhecimentos ancestrais e o poder de pesquisa e mobilização proporcionado pela internet. Estamos fortalecendo os laços entre os moradores da região. Estamos fazendo novos amigos. Estamos reaprendendo o valor do trabalho braçal e deixando esse lugar mais acolhedor e cheio de vida.

Enquanto plantamos sementes e mudas de hortaliças, plantamos também nosso investimento numa sociedade mais sustentável e menos competitiva.

Já percebemos que a vocação da Horta das Corujas é ser um espaço de educação ambiental prática e de disseminação de ideias para um mundo melhor.

Convidamos vocês a participar da maneira que acharem melhor. Vindo nos visitar. Acompanhando nosso blog e nosso grupo no Facebook. Dando sugestões. Envolvendo seus filhos ou alunos em atividades agroecológicas. Germinando sementes e preparando mudas em casa. Doando adubo orgânico. Ajudando a cuidar desse espaço. E, é claro, vindo trabalhar na roça conosco se desejarem.

Obrigada pela atenção e passo a palavra para Madalena Buzzo.

CAPÍTULO 3
Holofotes

Fama

Depois da matéria no Estadão e da inauguração começaram os pedidos de entrevista e as publicações em mais veículos grandes e pequenos como Rádio CBN, *Guia da Vila Madalena*, TV Câmara, *Diário de São Paulo*, Rede CNT, *Jornal da Tarde*, *Pharmacosmetica*, *Nube News*, Casa do Brincar, Biomarket. Menos de uma semana após a inauguração, um post no blog da horta listava 14 links para reportagens publicadas. O registro ainda está lá, mas nenhum dos links sobreviveu a uma década, o que demonstra a efemeridade das notícias no meio digital.

Um dos textos mais legais, felizmente salvo por nós, é o da ambientalista Juliana Valentini, criadora do blog De Verde Casa. Aqui vão dois trechos: *"Numa entrevista de 2008 ao Cambridge Programme for Sustainability Leadership, Manfred Max-Neef, autor do livro Human Scale Development (Desenvolvimento na Escala Humana – sem tradução para português), diz que 'a consciência se desenvolve na escala humana. Não é algo macro. E, se você vê os movimentos, o que acontece? Cada vez mais um grupo aqui, outro grupo acolá, e um movimento aqui, um movimento social acolá estão começando a desencadear a revolução'."*

"E eu morro de vontade de entrar numa máquina do tempo para, num pulinho ao ano 2042, dar uma espiada na transformação que esse projeto terá causado na cabeça dos moradores da cidade. Certamente

as crianças que plantaram na Horta das Corujas serão adultos como a Claudia e os Hortelões Urbanos, e como disse Manfred Max-Neef na entrevista, terão causado uma revolução."

Também quero carona nessa máquina do tempo, mas aqui de 2023 já dá para ver que a Revolução Gentil (como Andrea Pesek chama as iniciativas como a Horta das Corujas e todas as que vieram logo depois, como a Praça da Nascente, Rios e Ruas e o pioneiro Movimento Boa Praça) têm dado bons frutos.

Entrevistas à parte, o dia a dia de trabalho foi entrando numa rotina mais ou menos previsível. Na semana seguinte à inauguração, Talita Salles criou uma planilha com a primeira escala de regas, que foi ganhando atualizações até 2016. Abandonamos o sistema porque em todas as sucessivas gerações de voluntários a galera era mais animada para colocar o nome na tabela do que para manter a frequência. Isso aconteceu também com as escolas. Algumas da região tiveram o impulso inicial de cuidar de um canteiro, mas logo abandonaram.

Presentes continuam chegando: Faculdade de Saúde Pública doou composto, Mirinha buscava esterco de cavalo na escola de equitação do Parque da Água Branca. E pela primeira vez fizemos poda nas bananeiras, o que foi a salvação da lavoura antes que as chuvas viessem. Dar frutos é apenas uma das utilidades dessa planta numa horta. Trata-se de uma ótima fonte de matéria orgânica, nutrientes e umidade. Corta-se o caule e racham-se os pedaços. O semicilindro é colocado emborcado sobre o solo onde solta umidade e nutrientes aos poucos. Com o tempo, se decompõe e vira terra fértil. Essa técnica é uma maravilha na época da seca e também quando faz calorão.

Horta na Paulista

O ativismo ambiental da cidade de São Paulo teve outros acontecimentos naquele setembro de 2012. Poucos dias antes da inauguração da horta, numa sexta, dia 21, diversas organizações comemoraram o Dia Mundial Sem Carro com uma Vaga Viva ao lado do

Conjunto Nacional, a 50 metros da Paulista. A data, celebrada internacionalmente desde os anos 1990, é 22 de setembro, mas como cairia num sábado a ação foi marcada para a véspera. Vaga Viva é um tipo de ocupação de espaço público que mostra como as cidades seriam melhores se as áreas ocupadas pelos carros, tanto para circular quanto para estacionar, tivessem outros usos.

Ariel Kogan, que na época trabalhava na Rede Nossa São Paulo e hoje é empresário ligado à economia regenerativa, me convidou para cuidar da programação. Onde dois carros caberiam estacionados, criamos uma sala de estar + miniconferência a céu aberto com diversas atrações. Aconteceram debates, oficina de compostagem do Claudião da Morada da Floresta, atividade de descobrir os rios encobertos de São Paulo com a dupla Luiz de Campos e José Bueno, do Rios e Ruas, jogos e brincadeiras, visita de estudantes da Escola Lumiar, lanche e mais coisas que já esqueci. Mesmo com a chuva caindo o dia todo, a animação se manteve em alta. Lembro de, num intervalo, jogar baralho com a então ativista Carolina Ferrés, ambas ensopadas e com frio, revezando o impermeável. Esse evento foi um sucesso e trouxe para a minha vida um grande amigo, o Ariel, que antes só conhecia superficialmente.

48 horas depois da Vaga Viva foi a vez do Piquenique de Trocas de Sementes e Mudas dos Hortelões Urbanos em parceria com o Festival Cultivar no Parque da Luz, série de encontros no Parque da Luz que geraram muitas conexões. Lembro que num deles encontrei pela primeira vez o Sergio Shigeeda, fundador da Horta da Saúde, falecido em abril de 2023 e o primeiro dos fundadores da União de Hortas Comunitárias de São Paulo que se foi. As pecinhas dos coletivos ambientalistas começavam a se unir como quebra-cabeça, montando a paisagem de uma cidade mais verde e mais afetuosa. O Festival Cultivar, criado pela Juliana Gatti, teve várias edições e naquela época a co-organizadora das trocas botânicas era Daniela Pastana Cuevas, que anos mais tarde rodou pelo Brasil com o Semear Conhecimentos, tecendo em âmbito nacional mais e mais conexões.

Outubro começou com planos ambiciosos: criar mais uma horta, dessa vez em plena avenida Paulista. A praça do Ciclista, localizada no canteiro central da avenida famosa, perto da rua da Consolação, era e continua sendo local de encontro dos grupos que amam pedalar pela cidade. Surgiu desse movimento a proposta. Quem me trouxe a notícia foi o Ariel. Nós dois ficamos empolgados e mergulhamos na organização. Ariel convidou para a aventura o advogado Luciano Caparroz Santos, que até hoje tem escritório em frente à praça.

A data de inauguração da Horta do Ciclista estava marcada para o feriado de 12 de outubro, que cairia numa sexta-feira. O método foi totalmente diferente da Horta das Corujas. Não teve reunião, planejamento, trabalho prévio, nada disso. Sendo um local pequeno e de muita visibilidade e tráfego de pessoas, dessa vez a ação seria no clima de guerrilha verde, sem conversar com nenhuma autoridade. Só fazer tudo de uma vez para gerar um fato consumado.

Àquela altura, meu carro, que apelidei de Hortomóvel, já tinha se acostumado a transportar enxadas, terra, esterco, gente enlameada. No dia da padroeira, uma garoa fina caía de manhã. Enchi o bagageiro com um kit-horta, peguei no meio do caminho o Ariel e fomos para a Paulista. Teve gente que se preocupou com a possibilidade de sermos presos. A horta, que nasceu sem discurso nem laço de fita, ganhou um cuidador principal: o advogado-hortelão Luciano Santos.

Vida nova

Voltando à Horta das Corujas, as primeiras semanas pós-inauguração continuaram fervilhantes. Joana Canedo se tornou a principal produtora de conteúdo do blog, eu e Madalena estávamos sempre mexendo nos canteiros. As orientações sobre como manejar a horta e a comunicação com voluntários e vizinhos seguia pela internet, assim como os anúncios de eventos. Durante a semana, minimutirões em datas aleatórias. Nos fins de semana, mutirões mais organizados e frequentados, alternando sábados e domingos. Em alguns deles aconteciam oficinas abertas a quem quisesse aprender e ou ajudar no trabalho. Em 21 de outubro, um sábado, o tema foi Canteiro Elevado, ideia que partiu da necessidade, já que o solo da horta estava compactado e pouco fértil. Essa técnica de plantio consiste simplesmente em colocar alguma barreira delimitando o canteiro e preencher com terra soltinha e rica em matéria orgânica. A partir de 15 centímetros de altura já está valendo, embora algumas espécies como a cenoura (bem difícil de conseguir bons resultados, aliás), precisem de meio metro de profundidade. Troncos, pedras e telhas são ótimas opções para demarcar os canteiros elevados. Pneus e plástico, não. Tem quem faça com garrafas de vidro, mas eu acho arriscado. Pode quebrar e causar ferimentos.

Usamos o método até hoje na maior parte do espaço. Depois de tantos anos de trabalho, o solo da horta melhorou, mas mantém sua natureza argilosa e continua sendo pobre em matéria orgânica. As raízes têm dificuldade de penetrar. Grande parte dos canteiros criados naquela época continuam mais ou menos os mesmos, tendo vivido gerações e gerações de plantas e contínua reposição de composto. Então, ao longo do tempo, vamos acrescentando camadas de composto, folhas e gravetos, caule de bananeira e por aí vai.

Para a outra oficina, sobre como fazer compostagem, arrastei meu minhocário de casa. E uma das pessoas presentes foi Adriana Teixeira, querida colega de redação lá do começo dos anos 1990 na revista *Capricho*. Ela trouxe sua filha Bruna, naquela época uma criança, para conhecer minhocas e registrou o programa. Esse é um raríssimo e o mais antigo filme da horta. Em 2012 ainda não havia o hábito de ficar postando vídeos em redes sociais.

De uma hora para outra, a agricultura urbana, algo por muitas décadas inexistente nas áreas centrais da cidade de São Paulo, parecia explodir em mil cores e sabores. Virou tendência, moda, assunto de jornal. Começou a juntar sobretudo dois tipos de pessoas: jovens ambientalistas descolados e mulheres acima dos 40 anos com vocação para atividades comunitárias ou que viviam na metrópole sentindo uma falta imensa do universo caipira.

Jovem eu já não era fazia tempo, mas a vivência como jornalista abriu o caminho para ser produtora de conteúdo para as redes sociais. A quilometragem como voluntária em atividades comunitárias eu adquiri com as ações da OPS Vera Cruz. E a saudade da vida camponesa nem cheguei a saber que um dia eu tive. Mas quando comecei a plantar comida em casa percebi que não poderia mais viver sem isso. Nasceu outra Claudia, a agricultora. A Horta das Corujas misturou e potencializou todas essas experiências. Virei outra pessoa.

Um pouco antes da Horta das Corujas nascer eu tinha encerrado uma segunda fase profissional. Na primeira, entre me formar em jornalismo aos 20 anos, até os 35, prestes a ter meus filhos Alex e Julieta, gêmeos, me dediquei ao máximo às redações. Fui da Radio USP à Editora Abril, onde fiquei 14 anos, de lá para uma passagem meteórica na igualmente efêmera start up de internet Obsidiana (do zero aos pincaros da comunicação digital em poucos meses para desaparecer em seguida). O estouro da bolha do jornalismo digital no ano 2001 aconteceu quase na hora de eu ir para a sala de parto. Com os filhos muito pequenos, criei minha empresa, a Conectar Comunicação, para conseguir trabalhar em casa (o que não era comum no começo do século) e acompanhar as atividades deles. Como sou notívaga, grande parte das tarefas eram feitas depois das 22h, quando os filhotes dormiam. Até hoje rendo mais no silêncio da noite.

Assim foi até a agricultura entrar na minha vida, em 2008, quando as crianças tinham 7 anos. No princípio, levada pela razão e não pela paixão. Quanto mais eu mergulhava nos temas ambientais, mais nítido ficava que plantar comida na cidade é uma solução virtuosa e imprescindível para muitos problemas ecológicos, urbanísticos, econômicos, sociais e de saúde pública. A cada dia que passa fico mais convicta disso. Antes mesmo da Horta das Corujas ser uma ideia, os trabalhos corporativos começaram a fazer menos sentido. Meu ex-marido, Mauro Calliari, estava num momento de sucesso profissional, então tive o privilégio de pausar a busca diária pelo sustento para cuidar dos filhos e mirar na busca pela sobrevivência da humanidade num prazo maior.

Quando a horta foi inaugurada, os amados gêmeos tinham 11 anos e ainda demandavam bastante do meu tempo, mas eu conseguia encaixar mutirões e reuniões entre as atividades de mãe, cozinheira e organizadora da casa. Nino, meu querido falecido cão, era agitado e também me ocupava bastante. Então eu o levava comigo para onde fosse possível. Os fins de semana agora estavam cheios de atividades novas que, embora empolgantes, eram fisicamente cansativas. E, conforme a horta foi se tornando famosa, começou também uma demanda que acontece até hoje: pessoas conhecidas e desconhecidas me procuram por mensagem ou telefonema (hoje frequentemente substituído por troca de áudios) para pedir ajuda, orientação e trocar ideias sobre os mais variados temas ambientais. Atendo todo mundo e não deixo ninguém sem resposta. E só consigo dar conta de mais essa atribuição que toma bastante tempo porque sou superobjetiva. Isso significa que, mesmo tentando ser simpática, muitas vezes escorrego para o estilo "curta e grossa".

Com tanta programação de ativismo, comecei a ficar menos em casa. Marido e filhos tiveram que se adaptar a me ver rodopiando e sumindo entre mutirões, entrevistas, eventos, encontros e rodas de conversa. Era como se eu tivesse parido mais um filho, mas não da mesma família. Sou grata a eles pela paciência.

Para inglesa ver

Em 23 de novembro recebemos nossa primeira visita ilustre: Pam Warhurst, que iniciou as hortas de Todmorden, aquela cidadezinha na Inglaterra que se cobriu de plantas comestíveis e virou sucesso mundial, aparecendo até no *Jornal Nacional*. Ela estava no Brasil para apresentar sua paixão pela agricultura urbana no TED Talk organizado na Faculdade de Medicina da USP. Conseguimos levá-la até a Horta das Corujas, que era bem mais modesta do que o oásis verdejante que se tornou após anos de dedicação. Mas Pam conseguiu abstrair a precariedade e enxergar a essência: "Vocês estão fazendo *propaganda gardening* (jardinagem-propaganda)!", ela disse. E até hoje, se tenho que resumir em duas palavras o objetivo da Horta das Corujas, são essas as que eu uso. A palavra propaganda, no caso, tem o sentido oposto do significado comum de impulsionar o consumismo. Trata-se aqui de propagar um outro mundo possível, em que água e comida estão disponíveis na paisagem, em que hierarquias e burocracias não existem, em que dinheiro não vale nada e solidariedade é tudo.

Há muito publicado por aí sobre o *Incredible Edible* (trocadilho em inglês que significa inacreditavelmente comestível), a experiência de Todmorden, iniciada por Pam e Mary Clear. Existe um site, diversos vídeos, artigos e até um livro que me foi apresentado por Giulia Giacché, agrônoma italiana apaixonada pela agricultura urbana e por São Paulo, que viveu aqui um tempo: *Incredible! Plant Food, Grow a Revolution* (não existe edição em português e o título significa "Inacreditável! Plante comida, cultive uma revolução").

No dia seguinte à visita da Pam tivemos a honra de receber o quadragésimo piquenique do Movimento Boa Praça. Eu já tinha ido a vários antes da horta existir, cada vez em uma praça do bairro. Num desses conheci Claudio Lorenzo, que primeiro fez amizade com minha filha Julieta, ainda criança. Claudio é ativista da comida e largou as artes plásticas para virar o padeiro artesanal que produz maravilhas unindo trigo, água, sal, métodos ancestrais, fermentação lenta e bons ingredientes. Ele veio com a turma piquenicar na horta e ficou de vez como voluntário. É o único homem no grupo em 2023. Aliás, não existe nenhum homem brasileiro que se tornou assíduo participante do grupo de voluntários. Os que aparecem ou são muito jovens e ficam por um período curto ou são estrangeiros, em geral de passagem pelo Brasil. Claudio, argentino que já viveu mais aqui do que em seu país natal, é o único entre nós, mulheres, há vários anos.

Terminamos 2012 com tudo. Nossa fama midiática trouxe Rui e Cristina Signori, casal de agrônomos que instalava naquele momento o sistema de compostagem do Shopping Eldorado. Ganhamos deles composto produzido a partir dos restos de comida da praça de alimentação do centro de compras e também a montagem de um canteiro de plantas medicinais. E ganhamos da Cetesb a análise química detalhada que confirmou a boa qualidade da nossa água.

Análise da água da Cacimba 1
Post publicado no blog em 6/11/2012:

Fizemos o teste recomendado pela Cetesb para a água da nossa cacimba e tivemos o resultado previsto! Sem problemas para continuar a usar a água para regar nossas hortaliças.

O laboratório da Cetesb realizou a análise bacteriológica para E. coli na nossa água e concluiu que "a amostra enquadra-se nos limites bacteriológicos estabelecidos pela Resolução CONAMA n. 357/2005 para águas de classe 1, destinadas a irrigação de hortaliças que são consumidas cruas e de frutas que se desenvolvem rente ao solo e que sejam ingeridas cruas sem remoção de película (menor ou igual a 120 E. coli por 100 ml)". Nosso resultado deu 30 E. coli por 100 ml, que significa que ela atende bem o padrão para hortaliças (mas note que ela não deve ser usada para beber).

Já havíamos tido também a confirmação, por parte de um funcionário da Cetesb, de que "não há área contaminada próximo à praça das Corujas. Existem dois postos de gasolina nas redondezas, mas que já estão sendo monitorados e ficam a mais de 400 metros de distância do local.

CAPÍTULO 4
Enraizamos

Mais hortas

Chegou o verão e com ele um invento da era industrial: as férias. É difícil hoje em dia a gente imaginar um mundo sem esse direito trabalhista e sem o recesso escolar. Mas foi só no começo do século passado que virou lei em alguns países, sendo que a novidade chegou no Brasil apenas em 1943. Menos de dois séculos nos separam da época em que o ensino começou a ser universalizado nos países da Europa e nos Estados Unidos. Antes só existiam colégios de elite ou professores particulares para as crianças ricas. No Brasil a situação é bem mais dramática: escola para todo mundo só mesmo em décadas recentes.

Ou seja, pensando historicamente, até outro dia férias não existiam, justamente quando a maior parte da população ainda vivia no campo. Agricultores pausam o trabalho apenas quando a natureza não permite o cultivo ou desacelera o crescimento das plantas. Chego a ter um pouco de inveja dos colegas dos climas temperados, que penduram as enxadas durante os meses em que tudo congela. Cultivamos o ano inteiro e o período mais cansativo coincide com o verão, quando a chuva e o calor fazem as plantas crescerem muito rápido e o manejo entra em ritmo frenético. Além das tempestades fortes terem poder destruidor, as altas temperaturas ameaçam as plantas e a umidade favorece o apodrecimento ou a proliferação de fungos.

Hortas comunitárias e hortas escolares costumam morrer justamente entre o Natal e o Carnaval. No verão chuvoso paulistano, os canteiros desaparecem sob o mato num piscar de olhos. Aprendi ouvindo conversa de biólogos nos mutirões que, na presença de luminosidade abundante, as gramíneas fazem um tipo de fotossíntese mais eficiente, chamada C4. Então, elas ganham fácil na competição. Se os humanos conseguissem pastar, não haveria fome no mundo e não seria necessário ficar controlando o capim para conseguir alimento. Como não é o caso, haja disposição para evitar que as hortaliças fiquem sufocadas por plantas não comestíveis.

A horta sobreviveu ao seu primeiro verão, assim como a todos os outros até agora. Na empolgação do início, retomamos os mutirões já no sábado dia 12 de janeiro de 2013 e os mantivemos fixos nos finais de semana, alternando sábados e domingos. No ano novo as mídias continuavam publicando muitas matérias sobre a Horta das Corujas e mostrando também as outras hortas que nasciam. Em abril foi inaugurada a Horta do Centro Cultural São Paulo. Lembro que naquela primeira reunião dos Hortelões Urbanos já existia uma turma querendo plantar lá. André Biazotti, Guilherme Borducchi, Vanda Gentina e Lana Lim estão entre os fundadores. Em novembro foi a vez da Horta da Saúde aparecer, criada pelo Sergio Shigeeda. Entre as pioneiras, duas já extintas: Horta da Vila Pompeia (rua Francisco Bayardo) e Horta da Vila Anglo (praça Antonio Resk).

Nas Corujas os trabalhos evoluíam. Naquela época a cacimba ficava coberta por uma tela para evitar que virasse criadouro de mosquito, e conseguimos que a Cetesb fizesse de graça uma análise mais completa, incluindo todo tipo de pesquisa química. O laudo chegou comprovando a pureza das águas. Para comemorar convidamos Lucas Ciola a dar uma aula sobre manejo de água. Permacultor experiente, ensinou a fazer *swales* (lê-se suêiols), ou seja, valas de infiltração em curvas de nível. Tentamos direcionar as águas enterrando canos, mas não deu certo. Tempos depois descobrimos que o que funciona mesmo são os "corguinhos", fendas da terra cavadas com as mãos onde está mais úmida. Vini Marson e Madalena Buzzo tentaram instalar um sistema de irrigação que nos economizasse músculos na hora de regar. Mas até hoje não conseguimos. Seguimos carregando regadores cheios de água morro acima ano após ano.

A rede dos hortelões que se conheceram pelo Facebook seguia se ampliando com encontros presenciais como os piqueniques de trocas de sementes e mudas no Parque da Luz e os ciclistas do Pedal Verde que apareciam de vez em quando para dar uma força em mutirões. E teve até uma primeira confraternização carnavalesca da turma na Horta da Pompeia. Tudo novidade alegre e festiva, mas logo nos organizamos também politicamente. São Paulo estava sob outra administração. Fernando Haddad foi eleito e fez chamada pública para contribuições ao plano de metas da sua gestão (2013-2016). Nós, os cuidadores das hortas urbanas, preparamos coletivamente duas propostas e cada pessoa comparecia na audiência pública da sua subprefeitura. Para pressionar, criamos uma petição online: "Sr. Prefeito, coloque essas propostas no Plano de Metas do seu governo:

- Queremos pelo menos uma horta comunitária em espaços públicos de cada bairro de São Paulo;
- Queremos que cada escola municipal e cada posto de saúde da cidade tenham horta e composteira".
(Ao todo conseguimos 3.699 adesões, o que não é muito em quantidade, mas ajudou a trazer mais gente para o movimento.)

Sugestões singelas, baratas e que deixariam o espaço urbano, as escolas e as UBSs muito melhores. Gerariam saúde, bem-estar e economia aos cofres públicos, já que essas hortas abasteceriam os refeitórios estudantis e as farmácias populares com plantas medicinais. Uma década se passou até que o Sampa+Rural, programa de agricultura urbana da Prefeitura de São Paulo, entrasse em campo em 2022 com apoio aos agricultores e progressiva inclusão de hortas escolares. Como em muitas outras ocasiões, os ativistas saíram na frente iluminando o caminho e mais tarde o poder público começou a agir. Tudo certo, é para isso que existimos mesmo.

As articulações políticas aconteciam enquanto estávamos com a enxada na mão trabalhando nos mutirões e vice-versa: fazíamos os combinados, trocávamos dicas e informações sobre os plantios quando nos encontrávamos em audiências e reuniões com o poder público.

Em Pinheiros tínhamos um novo subprefeito: o arquiteto Ângelo Filardo. Madalena, Joana e eu marcamos uma reunião com ele para falar da horta. Sorridente, iniciou a conversa com a pergunta "Estamos aqui para ver a documentação da horta, não é?". Respondemos: "Qual documentação?". A fisionomia congelou. "Vocês estão dizendo que não há nada que oficialize a existência da horta?". O máximo que tínhamos era a carta enviada ao Coronel Sérgio antes da inauguração, mas não lembramos dela. Ângelo estava sendo procurado por grupos de moradores descontentes, que pediam o fim daquela palhaçada. Isso eu sabia bem que estava acontecendo, pois dias antes, quando dava entrevista para uma repórter em frente à horta ao mesmo tempo em que atendia Fabio Souza, que tinha vindo buscar dicas para criar outra horta comunitária, apareceu uma mulher aos berros me xingando.

Lembro de ter respondido ao Ângelo no improviso, com toda a calma. "Se quiserem destruir a horta, estão no direito de vocês. Mas nós vamos fazer vigília, abaixo-assinado, chamar a imprensa, nos colocar na frente dos tratores..."

Nada disso foi necessário, pois o subprefeito se tornou um apoiador. Mas pediu um "ofício" (carta oficial). Joana, a mais hábil de nós nesse quesito, produziu em linguagem séria o documento anexado no fim deste livro. Fica disponível para ser copiado total ou parcialmente por quem precisar apresentar um projeto de horta.

Nós nunca recebemos retorno, ou seja, não nos tornamos as adotantes oficiais da horta. Joana atualmente vive nos Estados Unidos, Madalena precisou se afastar da horta por motivos pessoais alguns anos depois. Eu continuo lá, e os pedidos de extinção felizmente desapareceram.

Sensualizando

Um dia recebi uma mensagem pelo Facebook: "Participo dos Hortelões Urbanos. Estamos fazendo hortas nas escolas aqui em Alto Paraíso, Goiás, com jovens entre 15 a 18 anos. Eles recebem uma bolsa para estudos em agroecologia no Centro UnB Cerrado. Queria que vocês fizessem uma foto de um coletivo daí plantando. Isso é o máximo especialmente para esses jovens. Fico dizendo que esse movimento das hortas é da hora e está acontecendo em todo o planeta. Agradeço imensamente. Também estou plantando. Viciei!". A remetente era Claudia Lulkin, argentina que vive no planalto central há muito tempo e se tornou minha amiga pelas redes sociais, embora a gente nunca tenha se encontrado ao vivo.

A compreensão do significado da mensagem chegou em camadas, como uma cebola. Ela precisava de argumentos sedutores para convencer os jovens que fazer horta é uma coisa descolada, *hype*, da hora, seja lá qual for a gíria da vez. Isso porque, mesmo recebendo remuneração, os grupos resistiam à ideia de pegar na enxada. Mas por que os adolescentes estariam agindo assim? Talvez fossem filhos e netos de agricultores, de indígenas, de descendentes de escravizados. Mexer com agricultura os faria reviver traumas familiares ligados à pobreza rural, à exploração, à servidão, à expropriação de terras. Durante toda a história do Brasil, plantar comida com as próprias mãos sempre foi serviço duro do qual as pessoas de maior prestígio social mantiveram-se longe.

A Horta das Corujas estava na moda, estava na mídia. Nós, voluntários, de repente viramos figuras aspiracionais para a população cosmopolita e de alta escolarização das grandes cidades. A xará precisava da nossa ajuda para ressignificar e resgatar a dignidade da agroecologia nas novas gerações de Goiás. Aceitei o chamado, mas não sabia como cumprir a tarefa. Até que um dia apareceu no mutirão uma galera jovem e bonita. Coincidentemente, veio também um jovem fotógrafo, cujo nome esqueci, que tentava admissão numa escola concorridíssima em Londres. Ele precisava fazer um ensaio fotográfico e escolheu como tema a nossa horta.

Um clarão iluminou minha mente. Pedi ao fotógrafo um trabalho paralelo e gratuito: ensaio um tanto sensual mostrando a beleza dos corpos dos voluntários eventuais (que nunca mais voltaram) em ação com enxadas e terra. Pedi que deixasse de fora a galera mais velha, o que me incluía. Ele topou e mandou um monte de imagens. Eu me juntei com a Luciana Cury, colega do recém-nascido movimento das hortas e face-friend da Lulkin. Juntas montamos uma apresentação em powerpoint unindo as fotos e a narração dos trabalhos na horta em tom empolgado, fingindo que éramos da tchurma juventude linda. Deu certo! Semanas depois recebi um monte de fotos das hortas de Alto Paraíso com bilhetes empolgados dos jovens de lá. Passada uma década fiquei sabendo que vários deles se tornaram profissionais da agroecologia.

Escala de regas

Havia cada vez mais gente anunciando que ia se somar aos mutirões, mas logo desapareciam. Cada vez que alguém chegava dizendo "Mudei para o bairro e agora pode contar comigo, só que eu não sei nada, preciso de todas as dicas", eu parava tudo e dava uma aula detalhada. Com os anos fui me tornando mais econômica nas palavras, pois percebi que não é no falatório que se aprende a cuidar de planta. O aprendizado vem da observação da natureza e do modo de trabalho dos mais experientes.

Reproduzo aqui um post que coloquei no grupo do Facebook em 4 de março de 2013, mas poderia ter escrito hoje:

"Fazer uma horta é muito mais cuidar do que plantar. Leva um minuto para colocar uma muda no canteiro. Mas se ninguém aparecer para cuidar, ela morre. O período de chuvas parece que está acabando e nossas plantas já estão sofrendo. Temos que retomar nosso esquema de rodízio para as regas urgentemente. A horta está grande e a tarefa é cansativa. Quem se habilita?"

Esse chamado, de tempos em tempos reprisado, resultou em escalas de rega, que funcionaram por quatro anos. Esse registro agora é histórico, pois representa mais ou menos as pessoas mais engajadas com a horta em cada uma dessas épocas.

Escalas de rega

Março 2013
SEGUNDA Neuza Paranhos (parte baixa)/Lu Cury (parte alta)
TERÇA Luiz de Campos (baixo)/Claudia Visoni (alto)
QUARTA Fernanda Maschietto (baixo)/Joana Canedo (alto)
QUINTA Madalena Buzzo (baixo)/em aberto (alto)
SEXTA Fernanda Maschietto (baixo)/Fernanda Danelon (alto)
FINAIS DE SEMANA – Regaremos durante os mutirões

Setembro 2013
2ª feira – Vitor Augusto/parte baixa e XXX/parte alta
3ª feira – Andrea Pesek/parte baixa e Claudia Visoni/parte alta
4ª feira – Maria Cecilia Camargo e Claudio Lorenzo/parte baixa e Felipe Medalla/parte alta
5ª feira – Thais Mauad/parte baixa e XXX/parte alta
6ª feira – Tiago Martinez e Paulo Henrique Costa

Fevereiro 2014
2ª feira – Andrea Padovan Barbosa (parte alta) e Elaine Tucci Lippelt (parte baixa)
3ª feira – Claudia Visoni (parte alta) e Andrea Pesek (parte baixa)
4ª feira – Claudio Lorenzo (parte alta) e Maria Cecilia Camargo
5ª feira – Pâmela Sarabia (parte alta) e Thais Mauad (parte baixa)
6ª feira – Felipe Medalla (parte alta) e Madalena Buzzo (parte baixa)
Coringa: Samuel Gabanyi

Julho 2014 a Julho 2015
2ª feira – Mariana Rico e Luciano Gomes
3ª feira – Claudia Visoni e Luci Cara (parte alta) e Andrea Pesek (parte baixa)
4ª feira – Claudio Lorenzo, Maria Cecilia Camargo e Daniela Salú
5ª feira – Pâmela Sarabia (parte alta) e Thais Mauad (parte baixa)
6ª feira – Felipe Medalla (parte alta) e Madalena Buzzo (parte baixa)
Coringa: Samuel Gabanyi

> *Maio 2016 a Março 2017 ·*
> 2ª feira – Mity Hori (parte baixa) e Matheus Wiggers (parte alta)
> 3ª feira – Cristina Isoldi (parte alta) e Andrea Pesek (parte baixa)
> 4ª feira – Claudio Lorenzo
> 5ª feira – Pâmela Sarabia, Guga Nagib e Yasmin Oliveira
> 6ª feira – Joana Bj (parte baixa) e Matias Freitas Guimarães, Vicente Lourenço de Góes (parte alta)
> Coringas: Claudia Visoni e Rosangela Zanchetta

Sistema hídrico

As obras de infraestrutura hidráulica continuavam. Sasha Hart orientou adaptações em cacimbas que não estavam produzindo bem e Vini Marson virou expert na arte de perfurar bombonas. Luiz de Campos, do Rios e Ruas, e Akira Kojima, hortelão veterano, deram uma força. Hora de um minidicionário:

- **Cacimba** – Buraco que se cava no solo até atingir um lençol freático. Como essa camada úmida é semelhante a uma esponja, o buraco gera uma espécie de vácuo de sólidos que fica preenchido por água, ou seja, um lago construído.
- **Lençol freático** – Camada superior das águas subterrâneas. Em nosso clima chuvoso, é comum aflorar na forma de olho d'água ou ficar a poucos centímetros da superfície.
- **Bombona** – Galão ou tambor de plástico. As que usamos em cisternas ou cacimbas costumam ter 200 litros de capacidade. É comum serem usadas no comércio para guardar azeitonas, por exemplo. Há todo o mercado de reaproveitamento dessas bombonas. Se forem readaptadas como cacimbas, precisam ser perfuradas para que a água possa entrar.

Guilherme Castagna, permacultor mestre das águas, sugeriu inserirmos lebistes (peixinhos) nas cacimbas para comerem larvas de mosquito e assim podermos deixá-las abertas. Adriano Sampaio, também mestre no assunto e criador da iniciativa Existe Água em

SP, resolveu a questão da maneira mais simples do mundo: buscou no córrego das Corujas, a 15 metros da horta, alguns guarus ou barrigudinhos (peixes menores ainda) e lá estão os descendentes deles até hoje.

Conselheiros

Em nosso cenário idílico chegou rápido a notícia de que ia haver eleições do Cades Pinheiros, o tal Conselho de Desenvolvimento Sustentável, Meio Ambiente e Cultura de Paz. Seriam ao todo 16 conselheiros titulares e 16 suplentes. Metade cidadãos comuns representando a sociedade e a outra metade representantes de diversas secretarias municipais. Nos candidatamos em turma e vários personagens já citados aqui viraram conselheiros ou suplentes: Cecília Lotufo, a fundadora do Movimento Boa Praça; Fernanda Salles, a amiga que me chamou para o primeiro encontro sobre agricultura urbana da minha vida; Madalena Buzzo; Joana Canedo; Thais Mauad e eu. Em 2015 vieram novas eleições. Cecília, Madalena, Thais e eu nos reelegemos. Shasha Hart e Gustavo Nagib, o pesquisador, se juntaram a nós.

Mal tomamos posse e entramos em clima de debate do Plano Diretor Estratégico de São Paulo. Cada subprefeitura teria sua audiência e lá fomos nós contribuir com o que fosse possível. O PDE define como e onde a cidade vai crescer, adensar, onde serão as áreas de preservação ambiental, as moradias populares. Essa revisão oficializada em 2014 foi histórica ao trazer de volta a zona rural para o município. A região de Parelheiros, que ainda possui matas virgens e sítios, ficou mais protegida com a reclassificação. E a conexão entre os agricultores ativistas das praças com os agricultores profissionais começou naquela época e vai se fortalecendo ao longo dos anos. Quem experimenta produzir a própria comida, por pouco que seja, percebe como é árduo e intelectualmente desafiante o trabalho. Eu tiro o chapéu para quem consegue viver do que colhe. Do lado de lá, recebemos imediata aprovação e acolhimento. Enquanto alguns vizinhos de classe média e alguns intelectuais achavam o movimento das hortas comunitárias meio ridículo, a turma da roça de verdade sempre nos aceitou e ajudou com dicas.

O grupo de Facebook da Horta das Corujas se tornou divulgador das oportunidades para as pessoas participarem das decisões urbanísticas que estavam sendo tomadas e da Conferência Municipal do Meio Ambiente, que aconteceu na mesma época. E também dos anúncios de novas hortas e intervenções cidadãs em espaços públicos, como a praça da Nascente, que começava seu processo de virar um oásis paulistano no bairro da Pompeia. Andrea Pesek se dividia entre cuidar dos nossos corguinhos e nascentes e trazer a vida de volta à Homero Silva, nome oficial da praça em torno da qual se formou o coletivo Ocupe&Abraçe.

Ainda em agosto a bióloga Ana Terra ofereceu uma Oficina de Plantas Ruderais, palavra que significa planta espontânea, que nasce sem a intenção humana de semear. Hoje ficou mais conhecida a expressão PANCs, Plantas Alimentícias Não Convencionais. Esses dois conceitos não coincidem exatamente, mas há uma intersecção enorme. Muitas ruderais são PANC e vice-versa. No mesmo mês, recebemos a oficina de um especialista que incorporou o nome da planta à sua identidade: Fernando Moringa Oleífera. Ele nos trouxe mudas, vivas e enormes atualmente, e contou as propriedades fantásticas e mil utilidades dessa espécie nativa da Índia.

A parte alta da horta ganhava mais canteiros, e Felipe Medalla trouxe a técnica das bordas com telhas na vertical, que usamos até hoje. Eu e ele plantamos o primeiro minimilharal e colhemos as primeiras espigas – vermelhas! – no verão de 2014.

Primeiro aniversário

Escolas e grupos trazidos pelo Sesc faziam visitas. Tudo entrou numa certa rotina baseada em animados mutirões semanais com abundante oportunidade para agrofitness, adoção de canteiros, escala de regas e ferramentas que ficavam à disposição de todos (até todas serem roubadas muitas vezes e desistirmos das vaquinhas para fazer compras a toda hora). E chegou o momento de comemorar o primeiro aniversário. Foi uma festa dupla em 29 de setembro: um ano de Horta das Corujas e cinco anos de Movimento Boa Praça. Programação caprichada, incluindo feira de trocas; Sabrina Jeha do Sabor de Fazenda ensinando a fazer folha de capuchinha recheada com pasta de ervas e ricota; e show infantil do grupo Babado de Chita. Raimundo Paiva Nóbrega, o Rai, da turma do Boa Praça, presenteou uma estrutura confortável de madeira para o banco de cimento duro e sem encosto que fica em frente à porteira da horta. Um ano de vida. Não é que o filho vingou?

Durante a comemoração vieram avisar que uma árvore linda e florida que ficava perto da entrada, onde hoje é o lago, oferecia perigo por ser muito venenosa. Conhecida como espirradeira tem como nome científico *Nerium oleander*. Removemos. Não foi o único problema já enfrentado com árvores. Aliás, as questões arbóreas são um dos principais desafios enfrentados pela Horta das Corujas.

Desde a primeira conversa com a subprefeitura, a recomendação era não plantar árvores no local, lembra? No portão e em nossas redes sociais o aviso está destacado, mas é constantemente desobedecido. Quando me tornei coordenadora do Grupo de Trabalho Arborização e Agricultura Urbana do Cades Pinheiros aprendi muito sobre o assunto. Ao contrário do que muita gente imagina, plantar árvore em praça ou parque em geral não é uma boa atitude. Explicarei melhor daqui a pouco.

Antes que o ano acabasse teve mais uma novidade expansionista: a prefeitura estava reativando as Escolas-Estufa Lucy Montoro. Eram locais para produção de mudas e cursos de horticultura que foram inaugurados às pressas no final da gestão Gilberto Kassab, naquele esquema de mostrar serviço na véspera da campanha política. Batizadas com o nome da esposa do ex-governador Franco Montoro, que dirigiu o Estado de São Paulo nos anos 1980, provavelmente era reedição de política pública mais antiga. Hortelões de todos os cantos da cidade se empolgaram e correram para ocupar e participar de programações em suas estufas. A "nossa", repartida com a subprefeitura da Lapa, ficava dentro do viveiro da prefeitura, entre o parque Villa Lobos e a escola Santa Cruz. Organizamos oficinas por lá e tentamos produzir mudas, mas a prefeitura logo abandonou e deixou sucatear esses equipamentos públicos que custaram caro em nossos impostos. Como sempre. A boa herança dessa história foi uma amiga que ganhei: Bia Goll, cozinheira-permacultora-hortelã, companheira de muitas aventuras devido ao sonho comum de trazer a floresta para a cidade.

CAPÍTULO 5
Cultura permanente

"Dexá o lugar mió"

Apresentar a permacultura para mais pessoas. Esse era o sonho que Ariel Kogan e eu tínhamos em comum. Permacultura = cultura permanente. Como definir? Até hoje acho difícil. Um conjunto de técnicas de desenho ecológico, um estilo de vida, a arte de resolver problemas imitando a natureza (nisso se aproxima da biomimética), uma visão de mundo, uma tribo de pessoas dispersando pelo mundo agricultura regenerativa, manejo sustentável de água, geração descentralizada de energia limpa, bioconstrução, compostagem e mais um monte de coisas.

Cuidar das pessoas, cuidar da natureza e partilhar os excedentes compõem a ética dos permacultores. A palavra nasceu nos anos 1970, unindo "permanent" + "agriculture" assim, em inglês. No College of Advanced Education da Tasmânia, ilha ao sul da Austrália, Bill Mollison, já falecido, era professor de David Holmegren, ainda ativíssimo em sua fazenda-laboratório Meliodora. Ambos sistematizaram diversas contribuições de tecnologias ancestrais combinando-as com as descobertas da ciência moderna. O conceito foi expandindo para outras áreas até englobar as quatro necessidades básicas da humanidade: água, comida, abrigo e energia.

A ideia inicial era cultivar sempre a mesma área, oferecendo às próximas gerações mais solo fértil, mais fontes de água, mais biodiversidade, mais conhecimento. Quando o conceito da permacultura se expandiu, a proposta passou a ser a criação de assentamentos humanos realmente sustentáveis, aldeias que atendem às necessidades das pessoas que nelas vivem, promovendo a regeneração do meio ambiente. Acho que foi o Luiz de Campos que criou a explicação resumida em mineirês: "Dexá o lugar mió do que encontrou".

Claro que a utopia permacultural não é simples assim de implantar. As ecovilas avançam pelo mundo aprendendo com seus erros e acertos. Dentro do movimento há inclusive o questionamento sobre se faz sentido falar em permacultura dentro das cidades. Mas já que eu fazia parte do Conselho de Meio Ambiente de Pinheiros, Ariel foi comigo levar para o subprefeito a ideia de um curso gratuito de introdução à permacultura urbana. Só precisávamos do auditório daquele edifício público emprestado. O resto faríamos sozinhos. Ângelo Filardo topou e montamos uma programação concentrada juntando teoria e prática. O time de professores incluía mestres como Peter Webb, Guilherme Castagna, Julio Avanzo e Felipe Pinheiro.

Na transição de 2013 para 2014 jogamos essa proposta nas redes e o resultado foi impressionante. Nosso Curso de Introdução à Permacultura Urbana recebeu 715 inscrições para 65 vagas. Os telefones da subprefeitura começaram a tocar incessantemente com pessoas pedindo informações e os funcionários desconhecendo o assunto. Coube a mim a tarefa infeliz de selecionar os candidatos. Tive que ler todos os formulários, criar critérios, dar um jeitinho de expandir um pouco as vagas. Fiz o melhor que pude, com muita dor no coração. Prometi a mim mesma nunca mais excluir ninguém de um curso que inventasse. Tentamos transmitir pela internet, embora naquela época cursos online ainda não fossem comuns, mas a conexão da subprefeitura não tinha potência suficiente. As aulas foram um enorme sucesso e aconteceram também na Casa Jaya, na recém-inaugurada praça Victor Civita e, óbvio, na Horta das Corujas, transformada em anfiteatro verde num fim de tarde para ouvir Peter Webb, australiano da primeira geração de discípulos de Mollison-Holmgren que morou no Brasil por mais de vinte anos. Muita gente que buscava uma vida mais frugal e mais próxima da natureza colou na tribo a partir desse curso. Se os HDs queimados da vida não tivessem exterminado os registros, colocaria aqui uma lista enorme de participantes que viraram companheiros e amigos.

Esse curso da subprefeitura foi o embrião do PermaSampa, coletivo do qual fiz e ainda faço parte, que ofereceu dez PDCs (Permaculture Design Courses, a formação oficial de permacultores), cursos que juntos alcançaram cerca de 400 pessoas hoje espalhadas por aí, permaculturando o mundo.

Sem negar o fato de que uma sociedade tão devastadora quanto a nossa não se sustentará assim por muito tempo, nós, permacultores, vamos experimentando soluções e a transição para a cultura permanente. Assim que acabou o curso, a urgência bateu na maior cidade brasileira. As conversas do início de 2014 na horta já davam sinais de algo muito estranho: alertas sobre secura de canteiros e chamados para ajudar nas regas em pleno verão. Em geral, de dezembro a março, nem precisa regar. O aguaceiro é abundante e frequente, sobrecarregando as cuidadoras. Como chove também fora dos canteiros, o capim cresce rápido demais e, se não formos rápidas (continuo usando as palavras no feminino porque as mulheres sempre foram maioria nos plantios e manutenção da horta) para limpar as beiradas em poucos dias, o cenário vira um matagal indistinto.

Sem fumaça nem rato

Os jornalistas continuavam a nos procurar para entrevistas e sempre aparecia a pergunta: "Os vegetais plantados na cidade não estão contaminados pela poluição?". Eu não sabia responder e fui conversar com a Thais Mauad, que além de todos os predicados como ativista e hortelã, trabalha no Laboratório de Poluição Atmosférica da Faculdade de Medicina da USP. Logo surgiu um pesquisador interessado no assunto, Luís Fernando Amato Lourenço, com uma proposta ousada: instalar canteiros experimentais em diversas hortas da cidade, cultivar couve e espinafre e depois analisar em laboratório atômico os níveis de metais pesados e outros poluentes. Entre setembro e novembro de 2014 a Horta das Corujas foi um desses locais. Recebemos uma bombona de plástico com a mesma terra e as mesmas mudas que as outras hortas. Nosso trabalho era apenas regar para que as plantas não morressem. E ninguém podia colher porque aquelas folhas estavam destinadas à ciência. Mas quem disse que o pessoal respeitou o aviso colocado no canteiro? Aí eu sugeri ao Luís que fizesse um novo aviso, dessa vez com o desenho de uma caveira e a mesma mensagem: "Estudo científico. Favor não colher". Obviamente, as plantas não ofereciam nenhum perigo, mas a estratégia do medo deu certo.

Quem quiser saber detalhes sobre essa pesquisa de altíssimo nível é só procurar na internet pelo título "A influência da poluição atmosférica no conteúdo elementar e de hidrocarbonetos policíclicos aromáticos no cultivo de vegetais folhosos nas hortas urbanas de São Paulo". Eu vou resumir aqui em poucas e imprecisas palavras: encontraram um tiquinho de poluição em diversas hortas sim, mas em níveis bem baixos e bem parecidos com o que acontece nas verduras vendidas nos supermercados e feiras. Ou seja, hortaliças que vêm do interior para abastecer São Paulo têm contato com a fumaça dos escapamentos de forma semelhante às que são plantadas dentro da cidade. As pessoas costumam imaginar cenários paradisíacos para a agricultura rural que, na maioria das vezes, não correspondem à realidade. Além de analisar a composição química das couves e espinafres das nossas hortas, a pesquisa pegou também esses vegetais nas gôndolas do comércio comum. Não lembro detalhes dos resultados específicos da Horta das Corujas, mas estavam OK. Nossa localização é privilegiada: um vale muito arborizado e longe de grandes avenidas.

Luís seguiu investigando a agricultura urbana, fez outra pesquisa sobre solo e criou um livreto para leigos disponível online: *Agricultura urbana – guia de boas práticas*. Olha como o Instituto de Estudos Avançados da USP explica a obra: "O guia apresenta o que é necessário ser feito para dar início a uma horta urbana, atividade que propicia múltiplos benefícios ambientais, urbanísticos, sociais e de saúde, segundo os autores. De acordo com a publicação, é necessário tomar uma série de cuidados ao escolher o local da horta, como a contaminação do solo, da água e do ar. A cartilha oferece informações sobre como escolher um bom local de plantio, ensinando a testar o solo e a água, além de dar dicas para reduzir o impacto da poluição atmosférica e recuperar áreas já contaminadas." Se o assunto interessou, vai lá e baixa o PDF.

Esse tema da contaminação muitas vezes é pretexto para revelar a naturofobia, palavra que diz respeito ao medo e repulsa à natureza, em geral bastante camuflada e até inconsciente. A história de idealizar uma agricultura perfeita longe do alcance dos nossos olhos tem a ver com o não assumido nojo de ver a comida sair da terra. Uma vez eu estava lá na horta e rolou conversa surreal com uma integrante da equipe de Vigilância Sanitária da prefeitura. Ela comentou: "Você não tem nojo de comer esses vegetais? Vai que um rato passa aqui e faz xixi". Eu fiquei pensando que não faz muito sentido para um rato (até hoje inexistente na Horta das Corujas) procurar um pé de verdura, levantar a patinha traseira e fazer xixi nas folhas. Aí lembrei de algo que tinha lido recentemente sobre o local com maior concentração de ratos na cidade de São Paulo e devolvi a pergunta. "Como você trabalha na Vigilância Sanitária deve saber onde é esse lugar, né?". Ela: "Sim, é o Ceagesp". Se duvidar, procura na internet. Tem um monte de notícias e vídeos registrando esse fato. Pois bem, a pessoa tem informação técnica, mas se desconecta da realidade ao tornar-se consumidora e se deixa seduzir pelo ambiente artificial e as embalagens plásticas (também contaminantes) dos supermercados.

Não precisamos de dinheiro

Fomos seguindo com o dia a dia da horta. A rotina de mutirões, escala de regas, adoção de canteiros e pequenas vaquinhas para comprar enxadas nos ocupava e alegrava. Nesse ano (2014) chegou Mity

Hori, que se tornaria uma das "arrimos de horta", aquelas pessoas de quem a horta depende para sobreviver. Fabíola Donadello, outro ser apaixonado por plantas que conheci nos piqueniques de trocas de sementes e mudas, estava sempre por perto e inclusive organizou sua festa de aniversário nas Corujas, oferecendo aos convidados a diversão de... pegar pesado na recuperação de canteiros.

Nunca tivemos problemas com dinheiro. As despesas numa horta comunitária são mínimas. Com R$ 50 compra-se uma enxada, e naquela época Madalena era a tesoureira e tínhamos uma economia para esses pequenos gastos. Não faltaram oferecimentos de patrocínio. Como ocupamos um bairro de classe média alta, o lugar é lindo e nosso desempenho considerado uma atração charmosa, várias empresas já quiseram financiar a Horta das Corujas. Sempre recusamos. Por vários motivos.

Somos voluntárias que cuidam de um espaço público. Buscar lucro pessoal com essa atividade vai contra os nossos princípios éticos. Fora que fica fácil demais para uma organização chegar lá depois de tudo pronto e pingar um dinheirinho para se apropriar das nossas suadas conquistas. As necessidades monetárias são ínfimas, pois só precisamos mesmo do tempo dos voluntários, de mudas, folhas secas, gravetos e da água de nossas cacimbas.

Mesmo assim, começaram a aparecer visitantes dizendo "Legal essa horta. Eu estou contribuindo no *crowdfunding*". *Crowdfunding* (ou vaquinha versão digital) era moda na época. Só que nós não lançamos nenhum pedido de dinheiro nas plataformas online. Logo descobrimos o mistério: um grupinho criou a poucos metros da horta o "Projeto Coruja" e conseguiu arrecadar R$ 25 mil. Com o nome parecido, muitas pessoas que contribuíram achavam que estavam doando dinheiro para a horta. Quando fui conversar com uma das organizadoras ela me perguntou qual era a quantia em que eu estava interessada. Respondi que não queria nenhum centavo.

Se fosse para contabilizar o valor do esforço e da expertise de todas as pessoas envolvidas na Horta das Corujas desde sua criação teria que multiplicar aqueles R$ 25 mil por pelo menos dez mil. E nem um contêiner lotado de barras de ouro conseguiria indenizar o valor da regeneração ambiental, da criação de um espaço paradisíaco na cidade e das relações humanas que desabrocham ali. O que já fizemos várias vezes foi encaminhar esses oferecimentos para as hortas comerciais das periferias, sempre tão carentes de recursos. Uma vez uma empresa queria doar um pequeno trator. Indicamos a Cooperapas (Cooperativa Agroecológica dos Produtores Rurais e de Água Limpa da Região Sul de São Paulo), em Parelheiros, e a doação foi feita. Outra vez queriam patrocinar a compostagem. Dentro da horta fazemos nós, do lado de fora o maravilhoso grupo do Ecobairros, que inaugurou em São Paulo a onda da compostagem comunitária, agora em várias regiões. Indicamos a Horta da Dona Sebastiana, na Zona Leste, onde o projeto atualmente é feito em parceria com o Movimento de Defesa do Favelado. Essa conexão entre os agricultores urbanos comunitários-ativistas de classe média e os agricultores profissionais das periferias a cada dia fica mais forte. O intercâmbio de mudas também acontece e nós aprendemos demais com a sabedoria-raiz da população de origem camponesa, em geral nordestina, que acabou empurrada para as periferias das grandes cidades.

Para resumir, a melhor maneira de patrocinar a Horta das Corujas é com seu tempo, dedicação e constância. Cuidar de horta é uma prática, como jogar bola e cozinhar. Aprende-se fazendo. Aprimora-se dedicando-se à atividade por muitas e muitas horas.

Refúgio de abelhas

O que não falta é trabalho. Além das tarefas cotidianas, vira e mexe tem eventos especiais. Em agosto de 2014 fizemos um Festival das Abelhas Sem Ferrão com parceria da ONG SOS Abelhas Sem Ferrão, criada pelo querido Gerson Pinheiro, amigo desde sempre da Horta das Corujas e padrinho das nossas abelhas. Gerson e Flavio Yamamoto, também abelheiro, construíram nosso primeiro meliponário, palavra que significa local de abrigo das abelhas melíponas, como são conhecidas as abelhas nativas brasileiras, que não possuem ferrão e não picam ninguém. Antes disso havia apenas uma caixinha de jataí colocada no meio da horta por Felipe Medalla e que logo transferimos para o meliponário.

Até conhecer esse movimento de proteção às abelhas nativas, eu achava que só existia um tipo, aquela gordinha, amarela e preta. Com a turma do SOS aprendi que essa espécie é europeia e se misturou por aqui com abelhas africanas. Das brasileiras existem centenas de espécies, pouco conhecidas e ameaçadas de extinção pelo desmatamento e os agrotóxicos. Diante dessa realidade maluca de jogar veneno em plantação de comida, as cidades se tornam locais relativamente mais limpos e seguros para preservar espécies de abelhas. Antes de ouvir as apresentações de experts como Gerson e Flavio, eu associava abelhas com mel, um produto muitas vezes explorado de forma excessiva e predatória e mil vezes menos importante do que o principal serviço ambiental prestado por elas: polinização.

Por meio do Cades consegui uma raridade: que as equipes da subprefeitura salvassem duas colmeias que viviam dentro de árvores abatidas e as levassem para a horta. Esse é um drama ambiental urbano. As árvores que caem ou estão em risco são removidas. Muitas delas têm colmeias no miolo de seus caules. O procedimento padrão é criminoso: as abelhas são ignoradas ou exterminadas com gasolina injetada, para que não provoquem incômodo durante o trabalho de serrar a árvore. Mas proteger abelhas ainda não faz parte das prioridades dos governantes. Não lembro detalhes do resgate, mas, por milagre, conseguimos esses miolos de troncos que até hoje fazem parte do nosso meliponário.

Gerson de vez em quando faz seus voos pela Horta das Corujas, doando conhecimentos e colocando iscas para atrair novos enxames. Nós nunca retiramos mel, pois o que queremos mesmo é ser um refúgio para esses animais tão importantes e fascinantes. Em março de 2015 Flavio Yamamoto e a cantora e compositora Laura Wrona, também apaixonada pelas abelhas sem ferrão, misturaram aula e show musical em um evento ecopoético. O meliponário foi reformado em 2018 e substituído completamente pela obra de Claudio Lorenzo e Vinícius Ramos em 2023, com evento de reinauguração em 2 de abril. Enquanto existir Horta das Corujas o local seguirá sendo um santuário para as abelhas.

Dois anos

Chegou setembro e a horta iria completar dois anos. A ideia era fazer um banquete. Convidamos Neide Rigo para cozinhar e ela topou, transformando a programação em evento ecogastronômico chiquérrimo. A famosa nutricionista especialista em PANCs tinha recentemente entrado para a turma de arrimos de horta. Juntou sua vizinhança em abril de 2014 e iniciou a Horta da City Lapa, bem pertinho da estação Domingos de Moraes da CPTM (não confundir com a avenida de mesmo nome, do outro lado da cidade). Nascia mais um ponto verde comestível em São Paulo.

Para o aniversário foi montada uma cozinha improvisada sob as árvores ao lado da horta. Neide trouxe Ana Campana e Ana Perin, companheiras da City Lapa, que ajudaram a preparar ali na hora, na frente de todo mundo, um "spatze de mato", espécie de nhoque com plantas alimentícias não convencionais acompanhado de molho de tomate. O que ela colocou na massa foi bertalha-coração, trapoeraba, folhas de capuchinha e de batata-doce. Para beber, refresco de hibisco com folhas de gerânio-de-cheiro. E a turma levou comidas e frutas que encheram uma mesona, transformando a celebração num banquete gratuito. Mas antes teve visita guiada com identificação das plantas da horta, com a participação de Guilherme Reis Ranieri, especialista em PANCs e autor de *Matos de comer* (livro, blog e página nas redes sociais).

Operações salvamento

O movimento das hortas urbanas seguia se espalhando e inventando moda. Um dia Samuel Gabanyi avisa que Oswaldo Oshi, agricultor de Parelheiros, estava com dificuldade de escoar sua produção de caquis. Turmas de diversas hortas se juntaram para fazer compras coletivas e salvamos a colheita em nossas barrigas.

Quando da criação da Horta da City Lapa pela Neide Rigo, inspirada pela Horta das Corujas, a turma do contra logo apareceu. Houve até movimento organizado pedindo à subprefeitura que exterminasse a horta, sendo que, anteriormente, o espaço estava tomado por lixo e não havia protestos. A legião dos hortelões apoiou um abaixo-assinado online de defesa do plantio, o assunto apareceu na televisão e a horta existe até hoje. A mesma sorte não teve a agrofloresta da vila Itororó, casario histórico no Centro de São Paulo. A plantação teve que ser desmanchada e a Horta das Corujas virou herdeira de muitas plantas, inclusive alguns pés de café (ainda vivos e produzindo) e um cacaueiro, assassinado acidentalmente por voluntários com pouca experiência. Em março de 2016 fizemos um mutirão especial para recebê-las.

CAPÍTULO 6
Cacimbas cheias

Represas vazias

Em 2014, as manchetes sobre o nível dos reservatórios do Sistema Cantareira a cada dia se tornavam mais alarmantes, dividindo as atenções dos paulistanos com o outro grande evento do ano: a Copa do Mundo sediada no Brasil. Dentro dos alambrados da horta, porém, as cacimbas seguiam suficientes para hidratar os canteiros e assim foi por todo o período de emergência hídrica.

Estava implantado o rodízio de abastecimento em todo o Sudeste, especialmente São Paulo, onde bombas foram instaladas para sugar a água mais profunda das represas, o chamado volume morto. Mas, ao transpor a porteira da horta, a realidade era outra. Sem depender de canos e lagos longínquos, administramos bem nosso volume vivo.

Os 800 m² que cultivamos são uma maquete perfeita de uma bacia hidrográfica. É a vegetação que cria as fontes de água, a gente observa e vai aprendendo. Quando começamos, tudo ali era uma rampa seca de chão duro sem nenhuma nascente. Fomos aos poucos terraceando o solo, como se faz há milênios nas plantações do oriente, nos Andes, no Mediterrâneo. Criar degraus ajuda a reter a água. E quando esses degraus-canteiros recebem cobertura vegetal e bastante matéria orgânica, tornam-se esponja. Isso é solução para mil problemas. Solo bem tratado não tem erosão, lixiviação (quando a chuva vai "lixando" o solo e levando embora a matéria orgânica), segura a água evitando enchentes e a umidade pode ser aproveitada o ano inteiro.

Temos nascentes, rios minúsculos (os "corguinhos"), cacimbas e um lago na parte mais baixa. Com o passar do tempo, os pontos onde a água brota da terra foram ficando mais altos, sinal de aumento da umidade no solo, fenômeno inverso ao dos locais desmatados. Alguns caminhos se tornaram riachinhos, fomos mudando trajetos e criando estruturas com micropontes e valetas estruturadas com aquelas telhas arrendondadas (cumieiras). Nos primeiros anos, Andrea Pesek assumiu a liderança das intervenções hidráulicas e logo assumiu novos projetos aquáticos, a começar pelo vizinho bairro da Pompeia. O Coletivo Ocupe&Abrace se formou em 2014 e fez a revolução gentil na praça Homero Silva, nome oficial do lugar que hoje é mais conhecido por praça da Nascente, exemplo de intervenção cidadã na recuperação de uma paisagem molhada no meio da cidade. Por lá, os nascenteiros fazem e acontecem. Além de organizar alegres festivais artísticos e ecológicos, o grupo enfrenta o poder das construtoras que querem circundar a praça com prédios altos e muitos andares subterrâneos, o que significaria a morte das nascentes. Andrea, mestra das águas e dos jardins agroecológicos, nos deixou de herança algumas obras e muitos conhecimentos. Carolina Sá Moreira Oliveira, a Carol, assumiu o posto por volta de 2018 e problemas de saúde a retiraram do trabalho pesado em 2022. Assim sendo, o posto de Dama do Lago se encontra vago enquanto escrevo este parágrafo.

Aliás, sabe qual a diferença entre uma cacimba, um lago e uma garagem subterrânea? Quase nenhuma. Você já reparou que, quando não está chovendo, muitas vezes uma água transparente escorre pela sarjeta? A origem é a drenagem do lençol freático. Cada prédio que afunda seus andares subterrâneos na terra precisa ficar constantemente bombeando água para a rua, caso contrário, as garagens virariam cacimbas. Um enorme desperdício de água em geral limpa e um problema para as árvores que lá estavam antes da construção do prédio, cujas raízes ficam sem acesso à umidade. Existem até estudos mostrando que podem acontecer abalos e rachaduras nos imóveis vizinhos. A solução técnica para evitar a drenagem do subsolo seria fazer as garagens estanques, como se fossem piscinas ao contrário. Ou então prédios sem garagens subterrâneas. Saio por aí avisando que, em caso de longos apagões de energia elétrica, os carros devem ser retirados das garagens. Sem o acionamento das bombas, viram cavernas lacustres.

Cisterna Já

Clima de paraíso terrestre só dentro da horta mesmo, pois por todo o sudeste brasileiro a crise hídrica só piorava. Em plena primavera, nada de chuva. Angustiada com a situação, me juntei a Ariel Kogan e Guilherme Castagna para pensar como nós, permacultores, poderíamos contribuir de forma prática para aliviar o problema. Criamos até uma página da wikiversidade para recolher sugestões. Precisava ser algo ao alcance de qualquer pessoa e que desse resultado mesmo. Foi assim que nasceu o Movimento Cisterna Já. A proposta era incentivar as pessoas a construir cisternas para captar água da chuva. Depender apenas dos reservatórios estava a cada dia mais arriscado, e os cortes no abastecimento só aumentavam. Alguns bairros da cidade de Itu, por exemplo, chegaram a ficar três meses sem nenhuma gota nos canos, e a população começou a incendiar pneus e perseguir caminhões-pipa.

A Horta das Corujas inspirou a iniciativa na medida em que se baseava no ativismo coletivo com zero recursos financeiros, buscando o maior alcance possível. Passamos a divulgar o manual de construção da cisterna de baixo custo criado por Edison Urbano e todo tipo de informação sobre como montar e usar uma minicisterna, assim como o fato de que se trata de uma água imprópria para beber, cozinhar, escovar os dentes e tomar banho. Todo esse conteúdo ainda existe online, e o movimento teve muita repercussão. Na mesma época estava sendo criada a Aliança pela Água, coalização de diversas instituições e projetos da sociedade civil para enfrentar a crise hídrica. Cisterna Já é cofundador da Aliança, e eu me tornei apoiadora e colaboradora. Durante alguns meses, trabalhei na comunicação da entidade a convite de sua principal criadora, Marussia Whately, e, entre várias outras tarefas, criei o *Manual de sobrevivência para a crise da água*, com orientações para agir em casos extremos que, espero, nunca aconteçam, mas são a cada dia mais prováveis.

Agora também ativista da água, passei a desenvolver técnicas de consumo mínimo que até hoje pratico. Economizar e reusar água virou um esporte para mim. Recolho a água do chuveiro em baldes, tomo banho com os pés dentro de uma bacia, lavo louças e roupas em bacias. O líquido que me banhou é dividido entre a horta e a descarga sanitária. A água da lavagem da roupa vai para a faxina ou para a terra. Os preciosos litros de água cinza (termo da permacultura para água utilizada, porém não contaminada) são reutilizados sempre. Como não entram em casa produtos de limpeza artificiais ou agressivos, as plantas agradecem. Por aqui só tem sabão de coco sem aditivos nem perfumes, bicarbonato de sódio e enzima cítrica (uma espécie de vinagre caseiro com mil utilidades), que produzo misturando cascas de laranja, limão e maracujá com água e açúcar. Criei também a fórmula do PAH (período de autonomia hídrica). Consiste em calcular quantos dias uma casa ou prédio consegue resistir à interrupção no abastecimento. Basta dividir a quantidade de água acumulada nas caixas d'água pelo consumo mensal. Vou dar o exemplo da minha casa: gastamos em média 6 mil litros por mês (três pessoas), temos 3 caixas d'água de mil litros e mais uma cisterna de 2,5 mil litros. Ou seja, dividindo 5,5 mil litros (estoque de água) por 6 mil litros (consumo médio mensal) dá 0,91 de um mês, ou seja, 26 dias. Então, se a Sabesp cortar a água da minha casa hoje, só daqui a 27 dias ficaremos sem água. Isso sem mudar em nada nossos hábitos. Se entrar em modo emergência, dá para esticar esse prazo.

Mesmo diante dessas providências, minha preocupação com o colapso não acalmou. Luciano Santos, o guardião da Horta do Ciclista, fazia parte do Conselho da Cidade, instituído pelo prefeito Fernando Haddad, e um dia me colocou na lista de convidados de uma reunião especial sobre a crise. Estando lá consegui me infiltrar no grupo que iria contribuir com a criação do Plano de Emergência e virei uma das autoras da carta aberta entregue ao prefeito em 15 de dezembro de 2014. Reproduzo-a abaixo por considerar esse documento um bom guia para governos e prefeituras lidarem com emergência hídrica.

> *"CARTA ABERTA AO PREFEITO DE SÃO PAULO: ENFRENTAR A CRISE DA ÁGUA É URGENTE*
>
> *O Conselho da Cidade, frente à possibilidade do desabastecimento de água em São Paulo, e considerando a gravidade da situação, decidiu pautar o tema da água, que é de grande importância para a população da cidade. O Prefeito de São Paulo abriu o diálogo com o Conselho da Cidade, sugerindo a criação de um Grupo Temático para pensar as ações que o município pode adotar para lidar com esta crise iminente e que afeta todos os demais municípios do estado de São Paulo.*
>
> *O Conselho da Cidade defende a elaboração de um plano de contingência. O plano de contingência deve enfrentar o desabastecimento de água e evitar que a crise alcance uma situação extremamente crítica ou ocorra um colapso do sistema de fornecimento de água. Serve para minimizar os efeitos sociais, ambientais e econômicos da escassez de água.*
>
> *A falta de água para as escolas, creches, unidades básicas de saúde, hospitais, e outros equipamentos públicos requer iniciativas que articulem distintos órgãos públicos municipais, demandando uma coordenação executiva com poderes para organizar ações conjuntas, com participação da sociedade civil. Isso nos leva a propor a criação de uma "Sala de Situação" e um Comitê Gestor Municipal para lidar com a possibilidade do desabastecimento de água.*
>
> *É preciso começar a agir agora, formulando políticas municipais que protejam os cidadãos no curto prazo e iniciem a transição para um modelo sustentável de produção e utilização dos recursos hídricos.*
>
> *Para tratar do risco de desabastecimento de água em São Paulo, propomos a imediata convocação do Conselho de Desenvolvimento da Região Metropolitana de São Paulo, criado nos termos do artigo 5º da Lei Complementar 1.139/2011, e que hoje tem o Prefeito Fernando Haddad como seu presidente.*
>
> *Da mesma forma, propomos a imediata convocação dos órgãos do SIGRH (Sistema Integrado de Gerenciamento de Recursos Hídricos de São Paulo), em especial, o Conselho Estadual de Recursos Hídricos, os Comitês de Bacias do Alto Tietê, PCJ e Baixada Santista, para a criação de um Fórum Regional das Águas com ampla participação da sociedade civil.*

Com consequências que vão muito além do desabastecimento imediato, é preciso avaliar os impactos sistêmicos da crise da água na vida pessoal, social, econômica e ambiental dos paulistanos e paulistanas, que irão conviver por anos com novas políticas de restrição do uso da água.

As proposições emergenciais a seguir apresentadas partiram de Conselheiros e Conselheiras, de entidades da sociedade civil e de pesquisadores, ressaltando a importante contribuição da Aliança pela Água para São Paulo. Essas proposições não esgotam o repertório de ações possíveis e não incluem as imprescindíveis iniciativas de médio e longo prazo, necessárias para lidar com a crise e evitar problemas futuros, mas elencam um conjunto importante de sugestões que podem ser implementadas imediatamente.

Essas medidas, apesar de envolverem diferentes níveis de governo, não visam tirar a responsabilidade do governo do Estado que se omitiu frente à crise anunciada, mas sim enfrentar a iminente possibilidade de desabastecimento de água que estamos vivenciando.

A água é um bem público e assim deve ser tratada pelo Estado e por suas empresas. Este documento propõe ações para a gestão da crise que estamos vivendo. Contudo, não podemos perder de vista a crise da gestão da água que já se estruturava há algum tempo e não será solucionada com medidas emergenciais que não revejam completamente o modelo adotado pelo Estado para garantir o acesso a esse bem público para a população.

PROPOSTAS EMERGENCIAIS

1) Decretar o estado de emergência/ calamidade pública para poder mobilizar instrumentos e recursos que de outra forma não estariam disponíveis, como, por exemplo, a revisão de tarifas, bônus, e as multas para quem exceder metas de consumo, assim como a liberação de recursos para obras emergenciais.

2) Solicitar a apresentação por parte da SABESP de seu plano de contingência com todas as responsabilidades financeiras, tratando os consumidores de acordo com o volume de seu consumo e sua atividade (Lei Complementar da Transparência 131/2009).

3) A interrupção, o racionamento, ou ainda, a redução da pressão de fornecimento por períodos determinados têm que ser feitos às claras e anunciados previamente, havendo controle social sobre sua execução. A crise é para todos e não se pode beneficiar a classe média e sacrificar a periferia.

4) Garantir ampla divulgação das medidas de interrupção do abastecimento ou redução de pressão abaixo da norma, de maneira a permitir que a população se prepare para enfrentar esta situação e que seja garantida a qualidade da água.

5) Assegurar o funcionamento de postos de saúde, centros de hemodiálise, hospitais, asilos, escolas, com o fornecimento de água. Evitar assim crises setoriais na saúde e na educação e assistência social.

6) Adequar todos os próprios municipais para manutenção e implantação de medidas e equipamentos de uso racional da água, reuso de efluentes, reaproveitamento de água de chuva e redução de energia elétrica.

7) Apresentação da listagem dos poços existentes, sua localização e destinação, visando a identificação de poços que possam garantir o uso emergencial, bem como da lista de prestadores de serviço autorizados a fornecer água por caminhão pipa.

8) Solicitar ao DAEE a apresentação da lista de outorgas de nascentes e poços que poderiam ser declarados de utilidade pública.

9) Realizar vistorias de poços e nascentes para realização de ensaios de vazão e da qualidade da água, objetivando a ampliação do uso de água subterrânea e de nascentes.

10) Privilegiar a construção de cisternas em escolas e UBSs, para captação da água da chuva e garantir o funcionamento das instalações sanitárias.

11) Implantar pontos de acesso a pequenas quantidades de água certificadamente potável em todos os bairros.

12) Campanha pela televisão em prol da significativa redução imediata no consumo doméstico, e de cotas significativas do setor de serviços e da indústria, acompanhada de medidas educativas expressas em um manual de orientação para população, educadores, empresários.

13) Tratar a água como recurso escasso dentro de casa: ensinar como se faz o reuso da água do chuveiro e da máquina de lavar roupa etc. Dirigir esta campanha principalmente para prédios.

14) Dialogar junto ao DAEE para criar uma estratégia de aprovação de aproveitamento de água de drenagem de subsolo de edifícios para fins não potáveis, solicitando suporte da CETESB para identificação das áreas contaminadas com substâncias que impeçam seu uso, mesmo para fins não potáveis.

15) Oferecer linha de crédito para compra de caixa d'água para quem não tem (descontar em 12 vezes na conta de água, por exemplo).

16) Divulgar boletins diários sobre as condições do sistema em relação à vazão de entrada e de retirada, previsão de chuvas, qualidade da água das ETAs, dos poços profundos, etc.

17) Fomento à comercialização de equipamentos economizadores de água (torneiras de acionamento automático, redutores de pressão, válvulas de descarga dupla, mictórios sem água, e outros).

18) Redução de IPI, ICMS, para equipamentos de baixo consumo de água, de aproveitamento de água de chuva, de tratamento de águas servidas para reuso, de sistemas de aproveitamento de água de drenagem.

19) Redução de perdas na distribuição da água com a troca imediata de tubulações velhas e outras medidas que se fizerem necessárias em áreas centrais.

> 20) Criação de uma lei de promoção de estímulos que obrigue consumidores intensivos de água e grandes consumidores, como shopping centers e indústrias, a utilizarem água de reuso devidamente tratada e produzida pelas ETEs e de medidas para penalizar quem não cumpra com as metas.
> 21) Intensificar as ações de vigilância sanitária para garantir a qualidade da água.
> 22) Solicitar da SABESP transparência nas informações sobre os grandes consumidores de água e sobre o volume e o direcionamento dos investimentos realizados (Lei Complementar da Transparência 131/2009).
> 23) Exigir que os meios de comunicação que forem concessões públicas prestem o serviço adequado fornecendo informações corretas sobre a água, que é um bem público.
> 24) Fazer uma análise da atuação dos órgãos e mecanismos federais, estaduais e municipais responsáveis por fiscalizar e monitorar o contrato de concessão de fornecimento de água, com participação da sociedade civil e do GT Água do Conselho da Cidade.
> 25) Propor aos governos federais, aos governos estaduais (de São Paulo e Minas Gerais) e ao governo municipal a criação de um mosaico de unidade de conservação de uso integral na região da Mantiqueira e tomar medidas urgentes para preservar mananciais e nascentes através de novos parques municipais.
>
> CONSELHO DA CIDADE DE SÃO PAULO"

Maquete de bacia hidrográfica

Em 2015 a chuva voltou, ainda bastante irregular, mas os rodízios de abastecimento começaram a ser aliviados. Alguns anos foram necessários para que o volume de água do Sistema Cantareira se recompusesse. Apenas em 2017 o nível das represas que abastecem a região metropolitana de São Paulo ultrapassou 65%. Em 2021 aconteceu nova seca, e o nível retrocedeu a preocupantes 26% em dezembro. Os verões de 2022 e 2023 foram bastante chuvosos, elevando novamente o nível ao patamar confortável de 70%. Ou seja, a recomposição dos reservatórios demorou uma década. A sociedade esqueceu rápido o sufoco da crise hídrica e eu não mudei em nada os hábitos de economia e reuso de água. Sigo ganhando experiência num modo de vida preparado para uma próxima crise.

Na Horta das Corujas a abundância era crescente, cacimbas cheias, e nós a cada dia mais requisitadas para relatar a mágica hídrica da horta. Nessa época eu não me conformava em ver as manchetes de jornal contabilizando quantos milímetros de chuva tinham caído em cima dos reservatórios. Não é assim que funciona! As represas não guardam apenas a água que cai sobre elas, que é uma parte ínfima do que recebem. Então percebi que os 800 metros quadrados que ocupamos são como uma maquete de uma bacia hidrográfica. E comecei a explicar assim para os visitantes: imagine que a horta inteira é a bacia do Alto Tietê, ou seja, toda a área que produz água para as cidades que fazem parte da Grande São Paulo, uma área enorme, de quase 6 mil quilômetros quadrados, três vezes o tamanho do município de São Paulo. Vai de Paraibuna a São Roque, da divisa de Embu-Guaçu com Itanhaém a Nazaré Paulista. Nossas pequenas cacimbas (a maior é uma caixa d'água de mil litros enterrada no solo) seriam como as represas. O líquido que está nos reservatórios depende da umidade que está no solo de toda a área da bacia e da preservação e proteção vegetal no entorno dos rios e nascentes que, na nossa maquete, são os corguinhos. Terra seca puxa água e não permite que os lagos existam.

Dentro da nossa cerca fazemos direitinho o trabalho de tentar reter cada gota de água que cai. Aprendizado lento, que incluiu muitas expedições ao local durante tempestades fortíssimas e a observação do caminho das águas no território. É um espetáculo incrível. Em poucos minutos de chuva pesada os caminhos e o entorno de diversos canteiros são tomados por poças e riozinhos. Ninguém vence uma disputa com a força das águas. Por isso fomos observando os trajetos e adaptando o desenho da horta a eles. Havia canteiros que sempre eram arrasados pela enxurrada. Aos poucos remodelamos ou deslocamos para permitir o fluxo. Criamos canaletas, calçadas com telhas ou apenas valas. Em vez de combater a natureza, imitamos suas soluções. Nosso sistema hídrico tem essa composição:

Cacimba 1 – A primeira e maior. Redonda, fica no ponto central da horta e é seu coração. Como foi construída já contei no Capítulo 2.

Cacimba quadrada – O olho d'água foi descoberto em 2014 quanto eu estava plantando milho na subida, lado norte, perto da cerca. Ao cavar, um ponto foi virando laguinho. Bem naquela época apareceu um grupo de jovens de Santo André que estava fazendo curso de agricultura urbana de um projeto chamado Células de Transformação. Eles precisavam construir uma cacimba por lá e foram conhecer as nossas. Acabou virando aula prática. Só não lembro quem trouxe a caixa d'água quadrada que lhe dá forma.

Cacimba das Aranhas – Menor e redonda, feita com uma bombona milimetricamente perfurada pelo Vini Marson. Fica acima da quadrada. Chama assim porque numa época encontramos uma família de aranhas armadeiras (perigosas!) morando lá. Os aracnídeos sumiram, mas o nome ficou.

Cacimbas abandonadas – São algumas na parte baixa da horta, escondidas pela vegetação. Ninguém usa. Foram perfuradas devido à nossa suposição errada de que haveria mais água na parte baixa. A experiência ensinou que é nos declives que a água aflora. Até possuem água, mas num nível mais profundo, difícil de retirar.

Área da nascente – Nossa reserva florestal localizada acima da Cacimba 1, única área em que deixamos a vegetação alta e pedimos que ninguém entre. A manutenção é mínima e cuidadosa. Tem bananeiras, papiros e palmitos. Está cada vez mais úmida e está nascendo um lago ali dentro.

Lago – Localizado na parte de baixo. Cavado a muitas mãos e em diferentes épocas, é nosso maior reservatório. Estrategicamente posicionado para agarrar o máximo de gotas antes que escorram para o mundo lá fora.

Com o passar dos anos, fomos aprendendo a manejar a água economizando vértebras e músculos. Com generosa cobertura de solo e contribuição dos troncos de bananeira, a necessidade de rega constante diminui. Com o aumento do nível do lençol freático, idem. Com a escolha de espécies mais resistentes, ibidem. Além disso, precisamos preservar nossas cacimbas do excesso de retirada.

> **Quer ajudar a regar?**
> Jogar águas nas plantas é uma atividade divertida e muitos voluntários novos gostam dela. Mas tem seus segredos, que compartilho aqui:
> – A água está continuamente entrando na cacimba. Depois de retirar uma boa quantidade, o volume volta a subir em algumas horas. Não podemos nunca deixar o nível abaixo de uns 30 centímetros para evitar que os peixes sofram;
> – Não temos água suficiente para regar a horta inteira, por isso é preciso evitar o desperdício. Os canteiros não precisam e não devem ser regados igualmente. Existem plantas mais resistentes, que sobrevivem bem sem regas por todo o período da estiagem. É o caso de ora-pro-nobis, inhame, taioba e as PANCs em geral. Em volta delas, geralmente, basta garantir a umidade do solo colocando uma cobertura seca generosa e esperar a próxima chuva;
> – Canteiros que estão em descanso ou temporariamente abandonados por falta de braços não precisam ser regados até que sejam reformados;
> – Cuide bem das cacimbas e oriente outras pessoas, se vir o mau uso (desperdício de água, colocação de alimentos humanos que são prejudiciais para peixes, objetos sendo jogados nos reservatórios);
> – Se for pegar água, faça movimentos antes na superfície para assustar os peixinhos evitando que eles sejam capturados. Nunca alimente os peixes, pois alimentos humanos fazem mal para eles.
> – Em dias frios, não regue no fim da tarde. No calor é o contrário: não regar quando o sol forte está atingindo a planta.

Da seca ao mosquito

Passada a fase aguda da crise hídrica, veio a dengue. 2015 foi o ano com número recorde de casos da doença no Brasil: 1.649.008. As pessoas tiveram que mudar hábitos, a campanha contra os criadouros era constante na TV, e as equipes da vigilância sanitária percorriam as cidades levando informação e, infelizmente, veneno.

Dentro da Horta das Corujas os efeitos da crise de saúde pública foram dois: éramos denunciados todas as semanas e o fumacê ameaçava a sobrevivência das colmeias de abelhas nativas.

Várias pessoas da vizinhança começaram a achar que as cacimbas eram criadouros, e por isso foram feitas tantas denúncias. Passamos a conviver com vistorias constantes que nunca encontraram nenhuma larva de *Aedes aegypti* em nossos reservatórios de água. Isso porque o controle biológico exercido por peixinhos, libélulas e outros predadores de larvas é perfeito. No entanto, vivemos numa sociedade onde muitos desconfiam da natureza e confiam em venenos. Enquanto trabalhávamos era comum ver a equipe da vigilância chegando e os profissionais diziam que sabiam que na horta estava tudo OK, mas eram obrigados a fiscalizar cada vez que chegava uma denúncia. Minicriadouros na verdade existiam, mas onde ninguém imaginava: no topo dos postinhos que seguravam nossa cerca. Eram estacas de metal ocas, com cerca de 6 centímetros de diâmetro. Fomos nós que identificamos e resolvemos o problema preenchendo com areia um por um. Avisei as autoridades sanitárias que ao lado do parquinho das crianças, na mesma praça, a situação era semelhante, mas não sei se tomaram providências.

Teve só uma vez que, por alguma razão, os peixinhos da Cacimba das Aranhas sumiram e eu vi centenas de larvas na água. Sempre observo e virei expert em identificação de larvas. Resolvemos tentar o método simples e biológico de combate: trouxe alguns peixes de outra cacimba. A gulodice deles me impressionou, pois no dia seguinte todas as larvas tinham desaparecido.

O assunto virou tema de debate nas reuniões do Cades Pinheiros. Thais Mauad, Madalena Buzzo, Sasha Hart e eu escrevemos essa carta que foi enviada em nome de todos os conselheiros:

> *"Caros membros do Comitê da Dengue de Pinheiros,*
>
> *Nós, conselheiros participativos e conselheiros do meio ambiente da subprefeitura de Pinheiros, voluntários e frequentadores da Horta das Corujas, solicitamos informações sobre as nebulizações previstas para a região da Praça Dolores Ibarruri. Gostaríamos de ser informados sobre os locais, datas e produtos a serem aplicados com no mínimo 24 horas de antecedência. Esta comunicação prévia é fundamental para podermos minimizar impactos em colmeias, em experimentos científicos e na saúde das pessoas que frequentam a horta e consomem os vegetais.*
>
> *Caso a nebulização venha a ocorrer na praça, solicitamos também informações*

> sobre o possível prazo de carência para consumo das hortaliças plantadas na horta e utilização da água das nascentes para rega dos canteiros. Este entendimento e ações são fundamentadas nas recomendações de diversos cientistas especialistas que frequentam a horta.
>
> A Horta das Corujas, localizada na praça, é um importante polo de educação ambiental e reserva de biodiversidade do município. Recentemente, agentes da vigilância sanitária vistoriaram diversas vezes a praça e a horta, sem encontrar criadouros larvas de Aedes aegypit. A aplicação de inseticidas seria extremamente danosa para o ecossistema local e, se não há comprovação de focos de larvas no local, pode ser evitada.
>
> Em relação às ações em geral que estão sendo tomadas para combater o Aedes aegypti, nos preocupamos com a eficácia do uso em larga escala de inseticidas, seus danos ao meio ambiente e estamos particularmente alarmados com os potenciais efeitos de longo prazo da exposição das pessoas aos inseticidas, que podem ser ainda mais graves do que o surto das doenças causadas pelo vetor Aedes aegypit.
>
> Atenciosamente"

Veneno não é solução

Eu passei a estudar o assunto e descobri a ineficiência dos fumacês. Esse método mata apenas os mosquitos adultos que tiverem suas asas respingadas pelo veneno e elimina também os predadores dos mosquitos. Os criadouros ficam intactos e, assim que a nova geração aparece, prolifera mais pela falta de predadores. Descobri também que os produtos usados nos fumacês, em geral malathion ou deltametrina, são agrotóxicos que podem causar doenças em seres humanos.

Além da dificuldade em debater o tema, sofríamos com a falta de aviso sobre dias e horários de aplicação do fumacê. Funcionários da prefeitura diziam que as rotas eram resolvidas na última hora e não dava para comunicar. Montamos um esquema de vigilância pelo bairro e, assim que a picape do veneno aparecia nas redondezas, Madalena Buzzo ia correndo na horta fechar com gaze as saídas das colmeias. O certo seria a prefeitura avisar toda a vizinhança, assim as pessoas mais frágeis, como idosos, crianças e asmáticos, poderiam se afastar durante a aplicação do veneno. Mas não rolava...

Fizemos um debate no auditório da subprefeitura com a presença da pesquisadora Helene Ueno, doutora em Saúde Pública pela USP e considerada uma das maiores especialistas do país em ecologia de vetores (animais que transmitem doenças), sobretudo mosquitos de importância médica e epidemiologia. O evento foi registrado no blog do Cades Pinheiros:

O que aprendemos sobre os insetos do nosso bairro

O Grupo de Trabalho Arborização e Agricultura Urbana juntamente com o Grupo de Trabalho Água, do CADES Pinheiros, realizaram, em 22 de outubro de 2015, um encontro sobre manejo de insetos comuns no bairro, com a presença de especialistas. A comunidade pôde esclarecer dúvidas e saber mais sobre os procedimentos atualmente adotados pela prefeitura.

Celso Barbieri, do grupo SOS Resgate Abelhas sem Ferrão falou sobre a necessidade da preservação das abelhas para a sobrevivência da humanidade e apresentou as abelhas nativas brasileiras (que não têm ferrão, portanto não picam). Ele ressaltou que o meio urbano se tornou importantíssimo como refúgio de abelhas, pois as áreas rurais recebem muitos agrotóxicos. Nesse sentido é importante ressaltar que todos nós podemos contribuir para cuidar das abelhas, cuidando de suas colmeias ou adotando colmeias novas.

Helene Ueno, professora da Universidade de São Paulo e especialista em ecologia de vetores e mosquitos de importância médica, deu explicações sobre aedes (mosquito da dengue – que têm hábitos diurnos e são silenciosos) e culex (pernilongos – que têm hábitos noturnos e zumbem). Alertou para a importância do controle dos focos de reprodução do aedes e lembrou que até mesmo uma tampinha de garrafa com água pode se tornar um criadouro. Sobre os pernilongos, sua proliferação se dá sobretudo ao redor dos rios da cidade, pois a espécie se adaptou às águas poluídas e seus predadores não. Ela condenou o uso descontrolado de venenos e inseticidas domésticos, já que essa estratégia é ineficiente (os mosquitos vão adquirindo resistência, enquanto outros insetos, como as abelhas, morrem), além de ser prejudicial à saúde humana, sobretudo de crianças. Sua recomendação é o controle mecânico com "raquetes", telas e mosquiteiros e a eliminação dos criadouros de aedes.

Ajax Perez, da Supervisão Técnica de Saúde Lapa/ Pinheiros da Secretaria Municipal de Saúde, apresentou dados sobre demandas da população para a retirada de abelhas e os planos da prefeitura para a rápida identificação e controle de epidemias de dengue. Esclareceu que o uso do fumacê acontece apenas em *casos extremos, pois o inseticida apresenta riscos para a saúde das pessoas e da fauna paulistana e não combate as larvas – apenas mosquitos adultos.*

Após as apresentações dos convidados, houve debate. Membros do CADES Pinheiros e do grupo SOS Resgate Abelhas sem Ferrão pretendem colaborar com a prefeitura para ampliar a proteção às abelhas nativas e na disseminação de informações sobre o correto manejo de insetos."

CAPÍTULO 7
Viva as árvores!

Ensinando a arborizar

Uma horta é diferente de um pomar porque as hortaliças em geral precisam de bastante sol direto, o que exige certa distância dos vegetais grandes, como é o caso da maioria das frutíferas. Existem exceções, sobretudo entre as PANCs da Mata Atlântica, como a taioba, que vai bem até na sombra. Mas se você quer cultivar tomate, pepino, almeirão, manjericão, alecrim, beterraba, rabanete, cenoura, alface e outros vegetais mais comuns no cardápio do dia a dia, vai precisar de um local ensolarado.

A Horta das Corujas fica num vale e no meio de uma praça bastante arborizada, dois fatores que implicam sombreamento. Por isso, embora amemos as árvores, da cerca para dentro precisamos evitá-las. Mesmo assim, já demos ali minicursos de arborização urbana, sendo que o primeiro aconteceu em fevereiro de 2015. A Oficina das Árvores reuniu especialistas no assunto: Daniela Pastana Cuevas organizou a troca de sementes e mudas, Juliana Gatti e Sandro Von Matter deram uma aula pública, Danilo Bifone e a turma do Muda Mooca fizeram um plantio-demonstração. Nossa colina ficou lotada com mais de 200 pessoas que vieram para aprender e se conectar à turma da regeneração ambiental. Teve até repórter que virou ativista, como é o caso do Tiago Queiroz, fotógrafo do Estadão, que vi pela primeira vez na correria entre uma pauta e outra, passando em nossa oficina para registrar. Deu para perceber o brilho nos olhos dele, e o evento foi sua cerimônia de entrada para a turma.

Em julho do mesmo ano aconteceu nova eleição do Cades Pinheiros e me candidatei de novo. Entre os eleitos, várias pessoas que já apareceram nessa história: Madalena Buzzo, Thais Mauad, Cecília Lotufo, Sasha Hart e Gustavo Nagib. Outras conselheiras conheci lá e nos juntamos no Grupo de Trabalho Arborização e Agricultura Urbana ou em ações de plantio. É o caso de Glaucia Santelli, Valéria Sanchez Silva e Sandra Nedopetalski.

Defender o verde existente e disseminar conhecimentos, sobretudo práticos, sobre as árvores urbanas passou a ser uma atividade prioritária para mim. Atuei na organização de vários cursos gratuitos e abertos à população, realizados no auditório da subprefeitura e nas ruas e parques. Organizei até mesmo cursos de formação para os jardineiros da empresa contratada pela prefeitura. Os professores eram feras, alguns da própria equipe da Secretaria do Verde, como Marcio Yamamoto e André Ferreira. Além de Danilo Bifone, já citado, Nik Sabey e Alexandre Chut compartilharam seus conhecimentos nessas ocasiões. Em março de 2016 o paisagista ecológico Ricardo Cardim deu a aula "Sustentabilidade em jardins de espaços privados e públicos" com grande sucesso, provavelmente a maior lotação da história em um evento da Subprefeitura de Pinheiros. O auditório estava com todas as cadeiras ocupadas, uma cordilheira de gente de pé e um mar de pessoas espremidas no chão para assistir um panorama histórico da vegetação em São Paulo.

Mesmo com boas conexões dentro da subprefeitura, os entraves para a criação de hortas ainda era grande. Não havia um programa de incentivo e os grupos dependiam da boa vontade dos servidores públicos, nem sempre alcançada. Lembro de estar numa reunião para discutir a parte prática do curso de arborização quando uma funcionária comentou casualmente que tinha recebido cerca de vinte pedidos de criação de hortas em praças e tinha recusado todos. Não liguei para a provocação, mas ficou o aprendizado: daquele dia para frente orientei os coletivos que me procuravam pedindo dicas que não fizessem a requisição oficialmente. O caminho era conversar com os frequentadores do espaço escolhido, entender como a comunidade gostaria que fosse a horta, evitar locais já demarcados com atividades como lazer dos cachorros e começar o plantio da forma mais encantadora possível. Com a vizinhança a favor, não existiria razão para a prefeitura querer destruir a horta. Autorizações ficariam para um futuro que já chegou, pois enquanto escrevo, em 2023, todas as nossas roças estão mapeadas no programa Sampa+Rural, iniciativa da Prefeitura de São Paulo.

Florestas urbanas

Voltando aos cursos de arborização, as aulas práticas deram origem às primeiras Florestas de Bolso do Brasil. Essa técnica, desenvolvida para regenerar o ambiente urbano e divulgada pelo Ricardo Cardim, consiste em criar uma floresta densa e biodiversa num pequeno espaço. A estreia aconteceu em um canteiro lateral na esquina da avenida Hélio Pellegrino com a rua Clodomiro Amazonas, Vila Olímpia, onde no passado existiu a mata ciliar da beira do rio Uberaba, canalizado sob o asfalto da avenida.

No sábado, 12 de março de 2016, saímos de casa com nossas ferramentas para viver esse momento histórico que deixou de herança para a cidade uma florestinha de verdade, com árvores que já se abraçam em suas copas. Quem quiser conhecer é só passar lá. Os participantes tiveram a oportunidade de voltar para casa com a sensação inebriante de ter recriado uma mata. Valeu todo o trabalho de organização que incluiu negociações com a subprefeitura, empréstimo de ferramentas, compra de cerca de 100 mudas grandes e fortes, orientação para os novatos.

A Floresta da Hélio, como a gente passou a chamar, deixou um gosto de quero mais. Apenas três meses depois, em julho de 2016, criamos uma florestona nos parques Villa Lobos e Cândido Portinari, extremo oeste da região de Pinheiros. Cerca de 650 árvores foram plantadas em um dia por mais de 500 pessoas. Para organizar esse formigueiro humano precisamos de mais dedicação, mais infraestrutura e mais organizadores. A chegada de Sergio Reis ao bando ajudou demais. O esquema incluiu até uma retroescavadeira para afofar o solo uns dias antes e um caminhão-pipa de plantão para fazer a rega pós-plantio. Lembro de terminar o dia bêbada de felicidade. A mata está lá também, enorme.

Se no dia a dia das hortas a maioria é feminina, os grupos de plantio de árvores muitas vezes são liderados por homens. Acho que o fato de tudo ser proporcionalmente gigante em relação aos canteiros de hortaliças contribui para isso. São necessárias ferramentas pesadas, quebrar o concreto, lidar com mudas de 2 metros de altura e por aí vai. Os cursos e aulas práticas de plantio se espalharam. Arborizamos a rua Antonio Bicudo, em Pinheiros, bem onde acontece a feira livre. Agimos como detetives para descobrir a razão de aquele local ser tão árido: todas as árvores já plantadas ali tinham sucumbido à montagem das barracas dos feirantes. Resolvemos o conflito entre o verde e o comércio colocando os canteiros no meio da calçada, em vez da beira, como em geral se faz. Por isso levamos uma bronca da equipe técnica da subprefeitura, mas nossa estratégia foi bem-sucedida, já que todas as mudas vingaram e se transformaram em lindas árvores. Aulas-plantio em calçada aconteceram também no Itaim, no Brooklin e na rua Barão de Capanema, nos Jardins. No largo da Batata, mais uma intervenção apoteótica: onde havia resquícios de um antigo posto de gasolina nasceu um Jardim de Chuva exemplar e o Bosque da Batata, bem ao lado da famosa igreja. Mais gente nova foi chegando e veteranos acoplando seus talentos ao movimento. Salvador Campos, Pierre Cohen e o saudoso Sergio Shigeeda são alguns desses entusiasmados. Perdi a conta das pessoas, florestas e plantios que vieram daí para frente.

Depois disso tudo fui me envolvendo um pouco menos com os grandes vegetais, já que minha prioridade sempre é a Horta das Corujas. A narração acima é um pouco para explicar que obviamente nada tenho contra as árvores. Nessa época cheguei a escrever, junto com a Thais Mauad e a pesquisador Tiana Moreira, esse artigo para tentar convencer prefeituras a priorizar as árvores urbanas:

Governantes: plantar e cuidar das árvores urbanas deve ser prioridade

Arborizar as cidades é uma questão de saúde pública e de fazer uma melhor gestão dos recursos financeiros, como os diversos estudos relacionados abaixo comprovam. Os governantes devem priorizar não só o plantio e manutenção das áreas verdes nas cidades como também a disseminação desses conhecimentos para combater os atos de vandalismo e maus-tratos que a população tem infringido às árvores. O gestor público que tomar essas providências com certeza será reconhecido por sua contribuição à saúde e ao bem-estar da população, além de economizar muito dinheiro público.

Poluição atmosférica mata

De acordo com a Organização Mundial da Saúde (OMS), mais de 80 % da população mundial está exposta à poluição do ar (1), sendo que na maioria dos grandes centros urbanos brasileiros a presença de poluentes no ar ultrapassa os limites estabelecidos pela própria OMS (2). Sem contabilizar as perdas afetivas, que são inestimáveis, o Banco Mundial calcula em US$4,9 bilhões/ano o custo das mortes relacionadas a poluentes do ar no Brasil (3).

Em São Paulo, as mortes prematuras relacionadas à poluição atmosférica alcançam 4 mil pessoas/ano (3). E centenas de milhares de pessoas – sobretudo idosos, bebês e gestantes – sofrem de agravamento das condições respiratórias devido à poluição. Vale lembrar que 73% da poluição atmosférica de São Paulo é proveniente de veículos automotores (4).

As árvores são nosso único filtro para a poluição do ar

Um estudo americano demonstrou que as árvores urbanas americanas removeram 17,4 milhões de toneladas de poluentes/ano gerando uma economia de 6,8 bilhões de dólares/ano no setor de saúde (5). Já outra pesquisa inglesa demonstrou que apenas uma árvore na calçada em frente a um imóvel é capaz de remover cerca de 50% do material particulado (poeira) em seu interior (6).

Árvores melhoram a saúde mental, evitam partos precoces e aumentam a longevidade

Estudo realizado em quatro cidades europeias demonstra que quanto maior o tempo visitando áreas verdes, melhor a autoavaliação do estado de saúde dos pacientes psiquiátricos, independentemente dos contextos culturais e climáticos (7). Pesquisa realizada na Pensilvânia (EUA) indica que morar a até 1250 m, ou seja, 10 a 15 minutos de caminhada de áreas verdes é um fator significativo para reduzir os partos precoces e o baixo peso ao nascer (8). Em Tóquio, um estudo identificou que idosos que moravam próximos a áreas verdes tiveram um aumento da longevidade (9).

> **Árvores ajudam a combater enchentes, criminalidade, manter construções e valorizam imóveis**
>
> As áreas verdes urbanas reduzem o escoamento superficial da água diminuindo assim os riscos de enchentes (10).
>
> A arborização tem efeito até mesmo na área da segurança urbana. Estudo feito na cidade de Baltimore (EUA) relacionou um aumento de 10 % nas copas das árvores a uma redução de 12 % na criminalidade (11).
>
> A sombra das árvores alivia o calor na superfície do asfalto e edificações, ampliando a vida útil dos pavimentos e outros materiais construtivos, reduzindo em até 58 % os custos de recuperação e manutenção do asfalto (12). A vegetação também diminui a temperatura dos ambientes internos, reduzindo a necessidade do uso de ar condicionado, o que leva a economia de eletricidade (13). Barreiras verdes reduzem ainda os níveis de ruído (14). Em climas tropicais como o nosso, as árvores ajudam a aumentar o conforto urbano e reduzir as ilhas de calor.
>
> Propriedades localizadas em ruas e bairros verdes são mais valorizadas de acordo com uma pesquisa feita em Portland (EUA). As casas à venda em ruas arborizadas foram comercializadas por 7130 dólares a mais em média que as casas em ruas não arborizadas, além de o negócio ter sido realizado duas vezes mais rápido (15).

Tretas arbóreas

Só que dentro da Horta das Corujas a realidade é diferente, e árvores são nosso terceiro pior problema, só perdendo para a falta de mão de obra e roubos de plantas. Mas, com o tempo, a sombra pode chegar ao pódio e extinguir a horta. Quando começamos a plantar, aquele era um canto esquecido e descampado de uma praça relativamente nova. O sucesso atraiu muita atenção para o lugar. As pessoas que são sensibilizadas com a questão ambiental e que estão começando a colocar a mão na massa muitas vezes têm como primeira iniciativa plantar uma árvore numa praça. Eu também já fui assim há muito tempo, no século passado. Quando era diretora de redação da revista *Boa Forma*, lembro que num final de ano resolvi dar de presente mudinhas de lichia que germinei em casa. E fui plantar as mesmas mudas na praça François Belanger, que beira a minha rua da infância, Pereira Leite.

Hoje tenho certeza absoluta de que nenhuma daquelas mudas vingou, pois fiz tudo errado. Cavei um pequeno berço (a gente nunca diz cova, pois é local de nascimento de uma vida), no tamanho exato para encaixar o torrão da minha muda, como se fosse uma rolha numa garrafa. Larguei a muda lá, não reguei, não adubei e nunca mais voltei para cuidar. Resumindo em poucas palavras, o jeito correto de plantar árvores na cidade é esse:

1) Evitar parques e praças já arborizados e plantar na calçada;
2) Escolher uma espécie nativa adequada para arborização urbana e o tamanho da calçada (muitas sugestões no Manual Técnico de Arborização Urbana da Prefeitura de São Paulo, disponível online).
3) Fazer o canteiro mais amplo possível, obedecendo as regras do manual;
4) Plantar na frente da sua casa ou num local onde o proprietário do imóvel aceite e que seja de fácil acesso no seu dia a dia, para você regar e cuidar;
5) Escolher uma muda de pelo menos 1,80m de altura;
6) Cavar um berço quadrado bem grande, pelo menos um cubo de uns 60 cm de lado. Berços redondos devem ser evitados pois facilitam o emaranhamento das raízes;
7) Misturar a terra retirada com adubo ou composto orgânico antes de recolocar no canteiro;
8) Não enterrar nem deixar aéreo o colo da árvore (local exato que separa a raiz do caule);
9) Plantar preferencialmente na primavera para aproveitar o período da chuva;
10) Visitar sempre sua muda para regar (se necessário) e protegê-la.

Mas por que não plantar em praças e parques? Porque em geral esses locais já são arborizados. Porque esses locais não podem ser matas densas para oferecer à população a possibilidade de tomar sol e brincar. Porque matas densas oferecem mais riscos à segurança dos frequentadores. Porque as prefeituras até conseguem cuidar mais ou menos da arborização nos parques e praças, mas as ruas estão desérticas. Porque as cidades precisam de corredores verdes para amenizar o calor, a poluição, a secura e proporcionar abrigo para os pássaros e abelhas, entre outros bichos benéficos da fauna urbana que concorrem com baratas e ratos, reduzindo suas populações. Esses corredores idealmente deveriam se conectar às áreas verdes de praças e parques, formando uma rede arbórea que integrasse a natureza ao espaço urbano na cidade inteira, em todas as cidades.

Espero que tenha ficado bem explícito que eu amo as árvores. Porque agora vem a parte de ser chata. As pessoas que plantam árvores na Horta das Corujas nos atrapalham muito. Apesar das placas e avisos em nossas redes sociais, apesar de explicarmos que não plantar árvores foi a condição imposta pela prefeitura em 2012, há quem insista. No começo, tínhamos um trabalhão para encontrar quem topasse adotar as mudas que precisávamos retirar. Com o tempo passamos simplesmente a retirar. E ainda assim existem várias dentro da horta.

200 abacateiros

Se a gente não removesse as árvores que surgem, há muito tempo já não existiria Horta das Corujas. Ao longo desses anos todos, só as minhas mãos já eliminaram mais de 200 abacateiros, espécie de grande porte. Você consegue imaginar como ficariam nossos 800 metros quadrados se todas essas mudas tivessem crescido? E mesmo que houvesse espaço suficiente e as hortaliças conseguissem crescer na sombra, colocar pé de abacate em área de bastante circulação de pessoas não é boa ideia. Como me ensinou Danilo Bifone: "Faça como o caipira, que do lado de casa planta jaboticabeira, amoreira, só frutinhas pequenas. Abacateiro e mangueira, lá longe". Os frutos pesados, quando caem, podem ferir pessoas, quebrar telhados e danificar automóveis como aconteceu com a Eiko Sugyiama, uma das ativistas verdes mais importantes e discretas de São Paulo. Com a ajuda de seu marido Nori, ela se especializou em reformar parquinhos infantis em várias praças da Vila Madalena. E tem um canto muito mágico que o casal cuida praticamente sozinho: a praça Harmonia dos Sentidos, pertinho da estação de metrô do bairro. Assim como a Horta das Corujas, um verdadeiro oásis urbano. Vale a visita.

Também é comum as pessoas se apaixonarem por seus fícus (*Ficus benjamina*) nos vasos e, quando ficam muito grandes, quererem plantar em espaços públicos. É uma espécie exótica e muito invasora, que está na lista que a Secretaria do Verde e do Meio Ambiente criou para promover a erradicação. Outras árvores que não devemos plantar por trazerem sérios problemas para edificações, prejudicarem as espécies nativas ou provocarem outros problemas ambientais: acácia-negra (*Acacia mearnsii*), alfeneiro (*Ligustrum japonicum, Ligustrum lucidum, Ligustrum vulgare*), eucalipto (*Eucalyptus robusta*), falsa-seringueira (*Ficus elástica*), figueira (*Ficus benjamina*), leucena (*Leucaena leucocephala*), palmeira seafórtia (*Archontophoenix cunninghamiana*), pinheiros do gênero *Pinus* (*Pinus caribaea, Pinus elliottii, Pinus taeda*).

Entendo a boa intenção dos plantadores, mas sugiro que busquem informações e os grupos de plantio para fazer a arborização cidadã da maneira correta. Como a mensagem não chega a todo mundo, no dia a dia vamos driblando os perrengues. Algumas das piores experiências que tive na horta iniciaram com a cena de uma ou algumas pessoas trazendo uma muda de árvore enquanto eu trabalhava. Já tive que lidar com a situação de famílias trazendo mudas de árvores para homenagear o próprio filho dentro da horta. Você consegue imaginar todas as crianças do bairro ou da cidade com direito a uma árvore para si dentro das Corujas? Há quem se ofenda e me xingue. Sempre fico em dúvida se comento o assunto ou espero a pessoa ir embora para arrancar a muda. Acho mais honesto explicar, mas não é fácil. Por essas e outras eu acredito que os que mais precisam de educação ambiental são os adultos.

Invasoras

Outra situação dramática aconteceu por causa da espatódea que, sem que nos déssemos conta, ficou enorme bem no meio da horta. Essa árvore dá flores cor de laranja muito bonitas, porém venenosas. Matam abelhas e há relatos até de assassinato de passarinhos. É nativa da África e foi introduzida no Brasil como espécie ornamental. Quem nos alertou sobre o perigo da espatódea foi o Gerson Pinheiro. Tínhamos que tomar uma providência antes que nossas abelhas morressem. A árvore foi removida e isso causou comoção nas redes sociais do bairro. Fomos acusados de sermos falsos ambientalistas. O debate se acalorou até que conseguíssemos explicar nossos motivos.

Um dos grandes riscos para nossas florestas, aliás, é a invasão das estrangeiras. Temos a maior biodiversidade arbórea do mundo, e o paisagismo a ignora, preferindo trazer espécies de outros locais, potencialmente invasoras.

O parque do Trianon, por exemplo, um remanescente raríssimo de Mata Atlântica em plena avenida Paulista, quase sucumbiu às espécies exóticas invasoras. Mais de 300 palmeiras seafórtia tiveram que ser retiradas para que a floresta primária não fosse destruída. Na frente das nossas porteiras existe um paredão com dezenas de alfeneiros. Os passarinhos vão disseminando a planta e todas as semanas preciso retirar dezenas de mudas.

Durante a novela da espatódea lembro bem da participação da Rosangela Zanchetta, moradora da rua Juranda, que se tornou voluntária e amiga. Num primeiro momento ela não se conformava com a necessidade de retirar a árvore. Depois aceitou uma das mais duras verdades sobre os hortelões: somos grandes assassinos de plantas. As pessoas nos acham criaturas fofas, porém agricultura é sinônimo de favorecer as condições para que as plantas comestíveis prosperem. E isso em geral implica eliminar quem está perto roubando espaço, nutrientes e acesso ao sol. Para cada muda que eu coloco na terra, arranco umas 100 plantas.

O drama não fica só dentro da cerca. Há muitas árvores plantadas em volta que, com o crescimento, acabarão com nosso sol. Isso foi feito por cidadãos bem-intencionados e sem conhecimento e também em atos, a meu ver, equivocados da prefeitura. A maioria das pessoas não sabe que existe um enorme estoque de mudas provenientes de compensação ambiental que precisam ser plantadas, mas "falta espaço" na cidade. Explico: quando um empreendimento (em geral prédio) vai desmatar, precisa repor um número grande de mudas para cada indivíduo adulto serrado. Mas os prédios se espalham pela cidade em grande velocidade, e a prefeitura não tem recursos e não prioriza a abertura de novos espaços verdes e a arborização descentralizada para criar corredores verdes. Então, muitas vezes, usa o espaço de parques e praças já arborizados para acumular as mudas.

Não acredito que compensação ambiental realmente compense o estrago feito. Uma árvore adulta levou décadas para alcançar seu grande porte e oferecer grandes benefícios ambientais. Cem mudinhas não equivalem a uma árvore adulta, e a taxa de mortalidade das mudas é altíssima, por erros no plantio, falta de manutenção ou vandalismo. Boa parte da população não gosta de árvores, como descobrimos em nossos cursos práticos pelas ruas. Várias vezes apareceram pessoas para nos xingar porque estávamos plantando uma árvore na calçada. Mas nós não vamos desistir.

CAPÍTULO 8
Nem tudo são flores

> Era um fim de tarde fria em pleno feriado. Eu trabalhava sozinha na horta. Entrou uma mulher com uma sacola e foi passeando pelos canteiros, escolhendo com cuidado e colocando plantas na sacola. Eu me aproximei e vi um pé de salsinha arrancado. O diálogo que se seguiu foi:
> – Por favor, não retire plantas da horta, está difícil cuidar. São pouquíssimos voluntários, quase ninguém trazendo mudas e as plantas estão desaparecendo"
> – Aqui é assim mesmo: todo mundo vem pegar muda. A natureza é assim.
> – A natureza humana egoísta que é assim. Se as pessoas viessem só colher as folhas, teria para todo mundo
> – Mas estou levando embora porque quero plantar na horta da minha casa

Atrapalhantes

Cuidar de horta comunitária inclui o trabalho extra de lidar com os diversos tipos de mau uso do espaço. Nem adianta fazer planos para mutirões, mutirinhos e mutireu (quando vou sozinha). Ao chegar lá e perceber que os folgados, mal orientados ou pessoas de mau caráter passaram antes, a jornada começa com consertar o que foi destruído.

Furto de plantas sempre foi comum, infelizmente. Não estou falando de colher alguns ramos para temperar a comida, atitude bem-vinda, mas para a qual pedimos o bom senso nem sempre praticado de maneirar na quantidade, de modo que mais pessoas possam ter o prazer de degustar o que tiraram da terra. O problema mesmo é quando levam embora a planta inteira, deixando um buraco na terra.

Se é possível contar numa mão semifechada o número dos que abastecem a Horta das Corujas regularmente com mudas, precisamos de alguns dígitos para descrever a quantidade de pessoas que vão até lá com o único objetivo de retirar plantas. Algumas espécies, como alecrim e arruda, são tão caçadas que é impossível cultivar. Ao longo desses anos, antes de desistir do alecrim, acho que pelas minhas mãos já passaram mais de 100 mudas. Nenhuma resistiu ao egoísmo humano.

Colheita predatória é outro problema. A Horta das Corujas seria um lugar ideal para preservar variedades crioulas de milho, pois não há milharais em um raio de quilômetros. Atualmente, com a disseminação das variedades transgênicas, a contaminação genética se tornou um grave problema mesmo em fazendas orgânicas. No entanto, a preservação de milhos ancestrais na horta inviabilizou-se, pois não sobra uma espiga no pé até amadurecer. Com tomates e morangos é mais ou menos a mesma coisa. Uma vez encontrei diversos tomates verdes arrancados e mordidos ao lado de um tomateiro. Entendi o recado: a pessoa não admitia a hipótese de que outro comesse, então preferiu estragar todos os frutos daquela planta. Em um domingo em que eu trabalhava sozinha, algumas crianças estavam passeando pela horta e só fui perceber a atividade quando já era tarde: colheram todos os morangos verdes de todos os canteiros onde eles existem, exterminando a safra.

Existem plantas que morrerão no transplante, fazendo com que o saque signifique perda para todos. Lembro especialmente de um viçoso e carregado pé de pimentão, espécie difícil de frutificar abundantemente em nossas condições não ideais de solo e luz. Mas aquele estava lindo. Foi arrancado inteiro e provavelmente faleceu antes que os frutos amadurecessem.

Também é comum abaterem a bananeira para colher o cacho e deixar o pseudocaule (o que chamamos de tronco de bananeira na verdade são as futuras folhas enroladas) em cima dos canteiros, causando rastro de destruição. Enquanto o atrapalhante fica com as bananas, sobra para nós a longa e cansativa tarefa de picar a planta inteira para distribuir nos canteiros como cobertura de solo.

Três porquinhos

Também roubam ferramentas. No começo, as enxadas e outros apetrechos, cujos recursos para compra vieram de vaquinha entre os voluntários, ficavam encostados no muro da composteira, às vistas de todo mundo, prontos para serem usados por quem aparecesse para trabalhar. Furtos eram constantes e nós repusemos inúmeras vezes. Até que se esgotaram a paciência e o saldo. Por um tempo a horta ficou sem ferramentas. Lá por 2017 apareceu um voluntário internacional nômade, o Haim Birman, que passou alguns meses no Brasil e se tornou assíduo naquele período. Ele sugeriu fazer um armário de ferramentas e o construiu de madeira, praticamente sozinho. A história então ficou parecida com a dos Três Porquinhos. Primeiro tivemos um armário com paredes de ar e roubaram todas as ferramentas. Depois veio o de madeira, que foi arrombado e em seguida derrubado para retirarem todas as ferramentas. Então construímos um armário de alvenaria que parece uma caixa forte, com tampa pesadíssima e reforçada com metal. Mity Hori foi uma das líderes da construção e com esse projeto aprendeu a preparar cimento e subir paredes. Arrebentaram o cadeado várias vezes. Claudio Lorenzo virou expert nas artes dos chaveiros, mas de nada adiantou. Os arrombamentos se tornaram frequentes, até que todas as ferramentas foram roubadas e, enquanto escrevo essas linhas, o assunto armário de ferramentas estacionou, talvez para sempre. Quem vai lá trabalhar precisa carregar as próprias ferramentas.

Quem pegou a responsabilidade de cuidar de uma horta comunitária não tem a quem reclamar. O grupo (em geral menos de cinco ou até uma pessoa sozinha) se vira para resolver os problemas. Inclusive limpar todo tipo de sujeira e imundície que outras pessoas largam, o que eventualmente inclui seringas usadas, camisinhas, cocô de cachorro e até de gente, o que, ainda bem, é raríssimo. Quem pega a responsabilidade de manter uma horta viva não escolhe serviço. Está lá sempre e faz o que precisa ser feito. Aliás, está na placa da porta e em nossas redes sociais o aviso de que os cachorros não podem entrar por óbvias razões sanitárias, solicitação nem sempre acatada.

Muitos passantes oferecem a sugestão: "Vocês deviam colocar plaquinhas nas plantas". Mas a experiência acumulada nos ensinou que quanto mais identificamos as plantas, mais furtos acontecem. Além disso, horta é uma coisa viva. Plantas nascem e morrem a toda hora. Para manter tudo plaqueado, alguém precisaria trabalhar muitas horas por semana só fazendo isso e nem assim adiantaria. Até os avisos básicos como "Por favor não joguem objetos nas cacimbas" desistimos de fazer. As pessoas quebram a própria sinalização e jogam na água. Atiram também pedras, pedaços de vidro, de madeira e outros objetos. Todos os anos, no final do verão, eu mergulho nas cacimbas com todo o cuidado, já que há objetos cortantes, para retirar o que foi arremessado, o que inclui uma ou outra pedra de 10 quilos.

Falando em cacimba, há quem resolva alimentar os peixinhos com comida de gente. Desnecessário e prejudicial. Pão, por exemplo, incha dentro do organismo do peixe, que não está preparado para digeri-lo, e pode matar. Nossos peixinhos estão muito bem alimentados com plantas aquáticas, larvas de insetos e outros microanimais que surgem naturalmente nas cacimbas.

PQVN

Se os palpites fossem registrados e contabilizados, o ranking seria esse:

3º lugar – Sistema automatizado de rega

A pessoa chega, vê alguém carregando regadores pesados morro acima e comenta: "Por que vocês não fazem um sistema automatizado?". Os mais tecnológicos sugerem que seja equipado com placa solar e acionado automaticamente. Ninguém até agora se ofereceu para conseguir os materiais e instalar, projeto que seria complicadíssimo em terreno em declive como o da horta. Além disso, se roubam até nosso composto, o que fariam com placas solares e apetrechos mais sofisticados?

2º lugar – Banheiro Seco

Todo mundo que faz curso de permacultura ou começa a se interessar pelo assunto segurança hídrica percebe que jogar dejetos na água foi uma ideia péssima e relativamente recente na história da humanidade. O banheiro seco aparece como alternativa mais sensata, porém ainda nada prática em nossas cidades. Não vou me aprofundar aqui nos detalhes técnicos, mas funciona assim: as fezes vão para tonéis e são cobertas com serragem. O xixi, que não é infectante, precisa de outro destino, pois quanto mais seca a pilha de cocô, mais fácil a decomposição, sendo que a mistura esquenta durante o processo, matando os patógenos. Alguns meses depois, vira composto orgânico e pode ser devolvido à natureza. Por dupla segurança, não se aduba hortas com esse material, que é perfeito para os pomares, por exemplo, cujas partes comestíveis das plantas não têm contato com o solo. Algumas pessoas mais alternativas chegam na horta, percebem a ausência de banheiro (realmente um problema) e mandam ver: "**P**or **q**ue **v**ocês **n**ão constroem um banheiro seco?".

Para esse tipo de pergunta, formulada em diversas outras situações, surgiu até uma sigla: PQVN. Como tudo na vida, a manutenção é a alma do negócio. Então, para resumir a conversa e não me atrasar no trabalho, a resposta que dou em geral é: "Várias pessoas já sugeriram e realmente é uma boa proposta. Quem quiser abraçar o projeto, liderar a construção e a manutenção do banheiro seco, será muito bem-vindo". Até hoje não foi encontrado nenhum voluntário para essa tarefa.

1º lugar – Mapeamento

Muitas pessoas que não fazem parte do movimento têm a impressão de que as hortas e hortelões de São Paulo vivem isolados e não se conhecem. E como não faltam os fanáticos por aplicativos, mapas georreferenciados, essas coisas, lá vêm eles com a proposta. No entanto, ao contrário do sistema automático de irrigação e do banheiro seco, nesse caso o autor da ideia quer fazer o mapa. Só que essa ajuda é desnecessária, uma vez que já existem vários mapeamentos prontos, sendo um deles oficial e completíssimo, a plataforma Sampa+Rural, da Prefeitura de São Paulo. O curioso é que a pessoa que se mostrava tão necessitada de um mapa das hortas da cidade em geral não tem nem interesse em consultar os que já existem.

Sem teto

Lá no começo de tudo, quando alguns nos xingavam por verem que estávamos cavando e revolvendo a terra da praça para criar a horta, uma das ofensas era: "Vocês são loucos. Isso aqui vai encher de mosquito, barata, rato e morador de rua!". Uma frase cruel e preconceituosa.

Mosquito tem muito mesmo e são ferozes, com picadas muito piores do que as provocadas por pernilongos. Na época seca dá para suportar, mas nas tardes de verão tenho trabalhado com capa e calça impermeável. Adquiri os equipamentos para manter o trabalho nos dias de chuva e depois descobri que servem também de armadura contra picadas. Recentemente me presenteei com um chapéu de apicultor para ficar 100% coberta. Para que as baratas não venham, pedimos encarecidamente que os vizinhos não levem seus resíduos orgânicos para a horta. Ratos não costumam aparecer.

Quanto às pessoas em situação de rua, eu não sei dizer se já frequentavam a praça antes da horta. Mas sua presença passou a ser constante e vários deles eu conheço. Existem muitas camadas de complexidade nessa convivência entre ativistas urbanos de classe média que descobriram a agroecologia recentemente e esses homens em geral nascidos nos confins do país, expulsos das terras de seus antepassados por violência, pobreza ou ambos, para quem o jeito ecológico de plantar comida era o dia a dia da infância rural. Eles sabem "ler" a horta muito bem, mas não se envolvem com o trabalho. Buscam água e vivem tentando guardar coisas ou até montar moradia dentro do espaço de plantio. As negociações mesclam conversas com comunicação não verbal. São bem-vindos para frequentar o local, mas pedimos que não usem a horta como depósito ou acampamento. Só que, se a vegetação cresce muito, as moitas vão virando armários. Fazemos as podas necessárias sem mexer nos pertences deles. Quando os veem expostos, resolvem buscar outros esconderijos. Acabaram se instalando do lado de fora da cerca, onde cozinham e convivem. Em alguns dias estão alegres e cantando. Em outros, alterados pelo álcool e sabe-se lá por quais outras substâncias.

Aprendi a ser gentil mantendo uma certa formalidade. Sim, já levei susto. Um dia estava manejando o bananal com o facão e um deles entrou enraivecido por causa de um conflito com não sei quem. Dizia que ia matar o adversário e eu segurava o facão cada vez mais firme e ia me afastando. Teve uma pessoa que montou barraca ao lado da horta, era um tanto agressivo e soubemos que pelo menos um assassinato constava em seu currículo. Felizmente mudou de endereço. Às vezes somem por semanas, mas sempre acabam voltando, sobretudo um deles, que sempre está por perto. Pedimos que não deixem lixo, sem muito sucesso. De vez em quando, nós fazemos a limpeza da área que ocupam. Costumam retirar a madeira e as pedras que estruturam canteiros para usar como lenha e construir fogões improvisados. Isso prejudica a horta, mas não há o que dizer. Perto das imensas dificuldades da vida ao relento e sem acesso ao básico, esse problema é menor do que um pernilongo.

Sem noção

Às vezes a visita não dá ideia, mas quer fazer piadinha e solta algo como "Vim aqui só para fiscalizar o seu trabalho". Aí o comentário alcança um dos aspectos mais profundos da experiência na horta, que é vivenciar a dissolução da divisão social do trabalho. Explico: em nossa sociedade, quem faz a labuta braçal costuma ser mal remunerado e desqualificado pelo sistema. Há inclusive o estigma de que o trabalho físico seja indigno para pessoas de classe média e essa talvez seja uma razão inconsciente para a escassez de voluntários. Então, qualquer brincadeira que invoque a sombra da dominação ("Eu vigio, você faz força") não tem graça nenhuma.

Existem também os que trazem amigos ou pretendentes e querem impressionar dizendo: "Eu que comecei essa horta". Já ouvi isso várias vezes de pessoas que nunca vi trabalhando por lá. Numa tarde quente eu estava subindo e descendo o morro várias vezes com regadores pesados quando chegou um quarentão com duas jovens. Sentaram-se no alto, ficaram admirando a vista e ele contando vantagens sobre a sua importância para a horta. Continuei ali fazendo esforço sozinha e quieta até que ele disse: "Vocês querem abacaxi?" e já foi avançando para um pé de abacaxi querendo arrancar. Eu falei: "Peraí! Abacaxi não nasce para baixo. Não arranca não!". Como o pé do abacaxi na verdade é uma coroa enorme, o galã imaginou que existiria um abacaxizão subterrâneo. Mas a fruta aparece na parte aérea, depois que surge uma haste com flor. A turma aquietou um pouco e eu prossegui na tarefa, sem nenhuma ajuda.

Teve outra vez que eu estava de novo solitária numa tarefa pesada que é o manejo da composteira, o que significa literalmente mover e peneirar uma montanha de terra. Chegou um homem jovem alto e fortão oferecendo ajuda. Eu agradeci, passei a pá para ele e expliquei que era preciso fazer. Eu estava suada, há mais ou menos 40 minutos me ocupando daquela tarefa ininterruptamente. O rapaz persistiu por alguns instantes e em seguida começou a esbravejar comigo: "Já entendi o trote que vocês passam nos novatos! Isso é um absurdo!". Devolveu a pá e foi embora pisando duro.

Também já aconteceu de dois chefs influencers de redes sociais em épocas distintas irem fazer vídeo na horta colhendo o que encontravam pela frente e convidando seus milhares de seguidores a fazer o mesmo.

Mas pode ser pior. Lá nos primeiros anos, Madalena e eu encontramos o cadáver de um cachorro grande, da raça golden retriever, perto da porteira. Isso mesmo: morreu o bicho de estimação da família e alguém teve a ideia de largar na horta para a gente se virar. Foi demais para mim, mas a valente Madalena colocou o defunto num saco enorme de lixo preto e avisou a prefeitura. Em outra ocasião me ligaram porque havia uma galinha nas últimas se arrastando pela horta. Alguém a utilizou num ritual religioso, mas a execução falhou. Larguei o trabalho em casa e fui lá correndo. Quando cheguei, a ave já tinha falecido. Sendo animal de pequeno porte, utilizei as melhores técnicas de compostagem para não haver contaminação (as mesmas que os zoológicos empregam para manejar o corpo dos bichos que morrem), deixei uma área separada como cemitério provisório, avisei os chegados e alguns meses depois virou adubo. Ainda no capítulo animais, por duas vezes houve abandono de porquinhos da índia na horta, até mesmo uma mãe com seus filhotes. Típica situação de posse irresponsável de bichos de estimação. Aliás, crime. Clara Spalicci e Carolina Sá Moreira Oliveira se empenharam ao máximo para realizar castrações e encontrar adotantes.

Já nos acostumamos a lidar com todos esses desafios, mas ainda assim testemunhar a deseducação ambiental dá uma tristeza ardida. Se eu tivesse que classificar hortas em categorias, a principal divisão seria "abertas X fechadas". Uma horta em espaço público plenamente acessível e sem supervisão eleva muito a dificuldade de mantê-la viva. O motivo é que todos gostam de desfrutar de um oásis urbano, mas pouquíssimos têm disposição para construí-lo. Estamos numa sociedade individualista.

Tralhas

Mesmo o que parece ajuda pode prejudicar. Um problema que ainda não mencionei é o fato de ter gente transformando a horta em local de desova de tralhas indesejadas. Isso vale para várias categorias de coisas: plantas exóticas e ornamentais (inclusive espécies invasoras como fícus), pneus velhos, madeira, varal de plástico quebrado e por aí vai. Até banheira de hidromassagem já abandonaram lá.

Mesmo objetos relacionados à jardinagem, como vasos de plástico, dispensamos. Em casa tenho mais de 200, a maioria recolhidos na horta, com os quais conseguirei fazer mudas para o resto da vida. Então os vasos que continuam aparecendo vão para o lixo, já que inexiste coleta seletiva de recicláveis na praça. Vizinhos, mesmo bem-intencionados, que largam podas dos seus jardins na horta também atrapalham. Nossos módulos de composteira são insuficientes para as podas da própria horta. E o material que trazem de fora vira horas extras de manejo para nós. A recomendação é picar folhas e gravetos para usar no próprio jardim, a adubação mais natural que existe. A compostagem precisa urgentemente ser incorporada ao paisagismo, como já acontece em Paris. Quando visitei a cidade, em 2017, vi que o parque linear elevado Coulée Verte tem uma pilha de compostagem a cada 20 metros mais ou menos. Achei lindo! Então pedimos que compostem em seus jardins e, se tiverem excedente de composto pronto, agradecemos a doação entregue. Por favor, não ofereçam presentes que precisam ser buscados, já que isso também significa sobrecarga para os poucos voluntários.

    No começo, até eu achava que era uma boa ideia fazer canteiro dentro de pneu. Mas a Brigitte Baum, amiga das hortas e funcionária da prefeitura muito atuante em prol do verde de São Paulo, me contou sobre estudos comprovando a toxicidade dos pneus para o solo e as fontes de água. Ela me apresentou a pesquisadora Mara de Souza Cabral, autora do estudo "Reciclagem de granulados de pneus inservíveis em pavimentos de playgrounds: estudos de caso de avaliação de riscos à saúde humana e ao meio ambiente". Resumindo muito a avaliação da especialista: os pneus possuem uma lista enorme de componentes perigosos, e pneus usados, ainda por cima, carregam impurezas das ruas e estradas. Um problema extra é que quando chove acumulam água, sendo praticamente impossível retirar tudo. Não adianta nem mesmo jogar inúmeras vezes o pesado pneuzão para o alto com o objetivo de expulsar o líquido. Como solução temporária, precisa encher de terra a parte que fica para baixo. Mas o bom mesmo é devolver logo para os fabricantes em um dos diversos pontos de coleta que existem.

Benfeitores

Como tudo no Universo parece conter em si o contrário, também existem plantadores anônimos que já deixaram preciosidades de herança. Dois temperos orientais que se deram muito bem em nossos canteiros são shissô e mitsubá. Graças ao primeiro, um arbusto bastante aromático de folhas roxas que surge na primavera e seca no outono, conquistamos Mity Hori. Ela, que nasceu no Japão, nunca tinha imaginado trabalhar em horta comunitária. Passeando pela praça, viu shissôs abundantes dentro da cerca que lhe trouxeram lembranças de infância. Entrou na horta e nunca mais saiu. Já com o mitsubá (significa "três folhas"), também conhecido como salsa-japonesa, a história foi a seguinte: introduzido nas Corujas por Guilherme Reis, expert em PANCs, se alastrou. A gente até tem que arrancar uns tantos para evitar que invadam tudo. Mas é ingrediente chique e valorizado na culinária do Oriente. Um dia, entrou um casal elegante que ficou chocado ao ver tanto mitsubá espalhado pelo solo. Parecia que estavam olhando um tesouro esparramado no chão. E estavam mesmo.

Nem toda tarefa inclui enxada. Paula Rainho Lopes, a Popó, fotógrafa deste livro, registra as atividades da horta desde 2014 e com isso eterniza momentos maravilhosos. Zilma Zakir é mestre na arte de produzir mudas em seu quintal e com frequência traz presentes preciosos como pequenos algodoeiros, pés de bucha e morangueiros. Paulo Miyazato, agricultor muito experiente, visita os mutirões de vez em quando e distribui sabedoria e suas colheitas. Há também as artistas que fazem placas e mosaicos, como Carolina de Sá Moreira, Veridiana Moffa e Daniela Guerra.

O sempre pioneiro Movimento Boa Praça, que depois se transformou em Coletivo das Vilas Beatriz, Ida e Jataí, inaugurou em São Paulo a onda da compostagem comunitária. Vizinhos se reúnem de manhã em praças para levar seus resíduos e fazer o manejo juntos, com todo o cuidado e muita alegria. A atividade se espalhou e já acontece em vários outros bairros da cidade. Um dos locais onde atuam é a praça das Corujas, ao lado da horta. Então, de vez em quando recebemos um bem-vindo carregamento de composto da melhor qualidade.

Treinamento espiritual

Não é fácil, mas aprendemos a ficar calmos em todas as situações adversas. Cultivamos paciência de monge adubada pelo composto que produzimos e também recebemos de presente. Cuidar de horta comunitária em espaço aberto é treinamento zen categoria avançada, experiência de desapego em alto nível. Adquirimos prática em regenerar o que outros destroem. Dia após dia, semana após semana, ano após ano. E ainda ouvir críticas. Várias vezes fomos advertidos por visitantes sobre a falta de quantidade para colher. E sobre a ausência das chamadas plantas óbvias. Tem gente que entra na horta como se estivesse num supermercado, com uma lista nas mãos. "Quero sálvia, alecrim, cenoura, alface...". Respondo que as espécies que todo mundo conhece são muito difíceis de manter devido aos roubos e ao fato de serem apenas meia dúzia para plantar e milhares para colher. Já vi nas redes sociais o convite aberto para qualquer um ir na Horta das Corujas buscar mudas, de autoria de alguém que nunca trabalhou por lá. Até mesmo equipe de Unidade Básica de Saúde (UBS) de outro bairro apareceu com uma caixa enorme para encher com as mudas que iriam levar para montar a horta deles. Em certa ocasião, cozinheiros de um restaurante chique colheram absolutamente todas as flores de sabugueiro para colocar em uma receita sofisticada de sobremesa a ser vendida por R$ 59 (isso aconteceu há vários anos, então o valor hoje seria mais absurdo ainda).

Essa história teve uma solução diplomática. Estávamos querendo entender o mistério do desaparecimento das flores quando, numa bela manhã, Claudio Lorenzo chegava na horta e viu uma dupla vestida com uniforme da gastronomia de alto padrão terminando a colheita total do sabugueiro. Esperto, falou: "Posso tirar uma foto de vocês?". E me enviou a foto. Eu estava já antenada no assunto, pois vi no jornal a foto da tal sobremesa. Fiz um relato do acontecido, anexei a imagem e enviei por e-mail para o restaurante que aparecia na matéria. Sugeri duas opções: 1) já que estavam colhendo o ingrediente de um espaço público, que fizessem a receita e oferecessem gratuitamente às pessoas pelas ruas; 2) não aparecer para colher e comercializar os alimentos da horta, caso contrário iríamos expor o caso nas redes sociais. Esse roubo específico não aconteceu mais.

Só que, no capítulo restaurante, houve também o roubo de composto. Num fim de tarde apareceu outra pessoa uniformizada e lotou uma caminhonete com todo o composto que tínhamos armazenado para os plantios dos próximos meses. Eu cheguei a tempo de vê-lo carregando os últimos sacos para o carro, mas não entendi a cena. Quando entrei na horta e encontrei a composteira saqueada, caiu a ficha. Só que o gatuno já tinha fugido para fazer sua horta descolada de restaurante com adubo comunitário furtado. Por isso, hoje em dia, camuflamos o composto.

Um efeito colateral positivo de vivenciar as experiências de furto na Horta das Corujas é o maravilhamento ao chegar em casa e perceber que as mudas, o composto e as ferramentas continuam lá. Sempre me sinto sortuda porque ninguém roubou.

Aquilo que chamamos de problema, entretanto, não é algo totalmente ruim. "O problema é a solução", enunciado de um dos princípios da permacultura, parece um tanto filosófico e enigmático, mas nos convida a buscar a superação de desafios e partir do próprio acontecimento. A partir desse ensinamento passei a olhar fatos supostamente desagradáveis por outros ângulos. Ou pelo menos a buscar consolo na constatação de que nada é totalmente bom ou mal.

A incrível diversidade de plantas alimentícias não convencionais que cultivamos está relacionada ao pouco interesse dos ladrões de mudas por plantas desconhecidas ou que não possuem valor comercial. Ver ali no solo, de graça, uma couve ou espiga de milho é como encontrar uma nota de dinheiro jogada no chão. Mas ora-pro-nobis, cúrcuma, almeirão selvagem, celosia, miogá e outras dezenas de hortaliças praticamente inexistentes no comércio não remetem a um valor monetário, tornando-se menos cobiçadas ou simplesmente invisíveis aos olhos saqueadores. Por esse motivo a Horta das Corujas explode em biodiversidade alimentícia, o que eleva seu valor ambiental muito acima de uma plantação convencional e pouco variada.

Rúguel

Um dia percebemos que uma grande quantidade de madeira velha se acumulava. Um dos nossos voluntários do passado, o alemão Chris Larbig, tinha compartilhado uns links gringos mostrando um tal de *hüguelkultur*, que significa em seu idioma natal "cultura da colina". Consiste em fazer uma pilha de troncos e gravetos e cobri-la com composto, transformando num canteiro. A decomposição lenta da madeira proporciona umidade e nutrientes ao solo, cuja fertilidade aumenta com o passar dos anos. Marcamos um mutirão especial em agosto de 2015 para montar nosso primeiro rúguel (depois que ficamos íntimos, é assim que chamamos). Como sempre, a maioria era feminina. Estavam lá Thais Mauad, que anos depois disseminou a técnica nas hortas da USP; Cassia Castro, que começou nas hortas urbanas e hoje é sitiante; Fabíola Donadello; Mirinha; Mity Hori, cada vez mais envolvida com a horta; e mais uma mulherada. E tivemos a participação especial do Sergio Julião, muito experiente em agricultura e em pegar pesado no trabalho. Eu tive a ideia de instalar um swale (vala em curva de nível) logo acima da montanha que estávamos criando, para infiltrar a água de chuva. O Rúguel 1 deu tão certo que dois meses depois lá estávamos nós de novo para criar mais um, logo abaixo, batizado Rúguel 2. No mutirão de outubro tivemos conosco Murilo Marcondes, permacultor-marceneiro mestre das madeiras.

O sistema rúguel-swale nos deu um presente três anos depois. Era março de 2018, fim da estação chuvosa, quando a horta está no máximo da retenção de água. Eu andava para lá e para cá, plantando novas mudas e retirando as invasoras. Sempre atolava no mesmo lugar, que parecia um poço de areia movediça como nos desenhos animados. Agachei, recolhi com as mãos a terra rarefeita da parte "oca" e a nascente apareceu. "Nascente do Rúguel", com direito a placa e microengenharia de proteção criada pela Carol.

Quanto ao despejo de tralha na horta, foram muitos "dias da limpeza" e muitos apelos nas redes sociais e em avisos na horta para desativar esse hábito. Melhorou, mas não acabou. Vira e mexe ainda temos que lidar com os entulhos. Hoje em dia é tolerância zero. Quando encontramos, retiramos imediatamente.

CAPÍTULO 9
Inspirar e celebrar

Amadurecimento

Em 2017 foi como se estivéssemos saindo da primeira infância. Prestes a completar cinco anos, a horta recebeu o Prêmio Milton Santos, oferecido pela Câmara Municipal de São Paulo. O troféu é um prato de metal bem pesado que, se ficasse na horta, seria roubado imediatamente. Aqui em casa virou fruteira especial só para as colheitas domésticas.

Em novembro veio o reconhecimento da ONU: fomos um dos projetos selecionados para a exposição "Feed Your City" (Alimente sua Cidade), que celebrou vinte iniciativas de todo o continente americano como exemplos de boas práticas em soluções de pequena escala para a agricultura urbana. Não chegamos a ir lá conferir a exposição, mas ganhamos um lindo diploma com o seguinte texto: "Atribuímos este certificado à Horta das Corujas em reconhecimento aos valiosos esforços da equipe de voluntárias e voluntários para promover a agricultura urbana sustentável e contribuir para a segurança alimentar e o bem-estar da comunidade, indo ao encontro dos Objetivos de Desenvolvimento Sustentável das Nações Unidas: Fome Zero, Saúde e Bem-estar, Cidades e comunidades sustentáveis, Efetiva proteção do meio ambiente". (*"This certificate is awarded to Horta das Corujas in recognition to it's members' outstanding efforts to further sustainable urban agriculture and contribute to the food security and well-being of their community while simultaneosly promoting the United Nations Sustanable Developmen Goals: Zero Hunger, Good Health and Well-Being, Sustainable Cities and Communities, Life on Land"*).

Mas evoluir implica fazer escolhas e abandonar velhos padrões, até mesmo no caso das hortas. Nessa época, decidimos extinguir a escala de regas e o sistema de adoção de canteiros porque as pessoas não estavam conseguindo manter os compromissos assumidos. Teve até situação meio trágica que aconteceu comigo. Um casal escolheu "seu" espaço e sumiu por vários meses. Vendo a área ressecada, abandonada e tomada pelas plantas invasoras, investi tempo e esforço para selecionar as plantas que poderiam permanecer, adubar, cobrir o solo e finalmente trazer mudas de couve grandes que passei dois meses cuidando na minha casa. Deixei o lugar arrumadinho e quando voltei vi as mudas arrancadas. Aconteceu o seguinte: o casal voltou para uma visita pontual trazendo, coincidentemente, mudas de couve minúsculas, que em geral não conseguem sobreviver na horta. Destruíram as mudas maiores e se aproveitaram da terra fofinha arduamente preparada por mim para plantar as "suas" mudas. Aí sumiram para sempre. Foi a gota d'água.

Para quem visita a Horta das Corujas, a ausência dos pelotões de alfaces alinhados, a dificuldade de reconhecer as plantas e uma certa confusão visual, porque os canteiros são biodiversos, podem incomodar. Um episódio, em particular, me marcou. Eu estava sozinha capinando num dia calorento quando entrou uma mulher e começou a protestar: "Isso aqui é horrível, sujo, uma bagunça!". Eu me desculpei, expliquei que são poucos braços para trabalhar e a gente faz o que dá. Emendei comentando que praticamente tudo o que está na paisagem é comestível ou medicinal. Fui nomeando as PANCs: labaça, jambu, peixinho, pariparoba, caruru... "Caruru eu conheço!". Daí para frente o diálogo tomou rumos imprevistos... "Que bom! É bem nutritiva, cheia de proteína e cresce sozinha sem ninguém plantar". "Quando eu era criança, morava no interior e muitas vezes a gente só tinha arroz puro para comer. Minha mãe mandava eu e os meus irmãos irmos no pasto catar caruru...". Depois dessa revelação ela ficou quieta, eu também. Voltei para minha enxada, recolhida em meus pensamentos.

Juntei esse fato a outras conversas semelhantes, em que pessoas que viveram a extrema pobreza dizem detestar esse negócio de horta. Quem sou eu, que sempre tive fartura de comida, para criticar a reação. Aprendi que trabalhar de graça em horta comunitária não é para todo mundo. No entanto, esse tipo de intervenção em espaço público ajuda até a curar traumas. Explico: mesmo quem só passa na porteira ou apenas viu uma reportagem sobre nossas hortas tem a oportunidade de ressignificar sua relação com a atividade agrícola. Más recordações da roça, que podem ser herdadas de gerações anteriores, empurram muita gente para um modo de vida divorciado da terra, buscando referências em outras culturas supostamente mais chiques. Uma das funções das hortas comunitárias é honrar o legado camponês, incentivar a valorização do produtor de alimentos e abrir caminho para que mais pessoas desejem se dedicar a essa atividade. Debaixo do verniz urbano de todo brasileiro existe uma longa tradição rural, como eu percebi no minuto em que a ideia de virar agricultora brotou no meu coração. E isso me lembra outra história...

Como falta tempo para realizar todas as tarefas que a horta demanda, em muitas ocasiões, o trabalho prossegue depois que escurece. Nem tudo dá para fazer, mas o conhecimento profundo de cada centímetro daquele espaço possibilita algumas atividades noturnas. Uma vez me assustei com um vulto se aproximando no breu. Era uma mulher mais ou menos da minha idade, vestida de forma tradicional e elegante, com blazer de botões dourados. Ambas nos surpreendemos com a presença uma da outra e, assim que nos reconhecemos como figuras pouco ameaçadoras, ela perguntou: "Você sabe onde tem picão? Minha filha está com infecção urinária e, enquanto esperamos os resultados dos exames de laboratório, quero fazer um chá para ajudar a aliviar os sintomas". Que bom esses conhecimentos ancestrais ainda persistirem entre nós.

Safras de estudantes

Se as tarefas que sustentam a horta não poderiam ser mais discretas, o mesmo não podemos dizer da própria Horta das Corujas, que ganhou fama desde sua inauguração. Embora nosso objetivo não seja caçar holofotes, as entrevistas jornalísticas e aparições na mídia são bem-vindas por levar as sementes da agricultura comunitária mais longe. E esse reconhecimento público também é adubo para o ânimo dos voluntários. Aos poucos a chuva de pedidos de entrevistas e gravações dos primeiros tempos foi acalmando, mas nunca desapareceu. Hoje é uma garoinha constante. E surgiram outros tipos de pessoas interessadas em registrar e divulgar: estudantes e pesquisadores.

Por lá aparecem desde crianças da pré-escola até acadêmicos renomados no Brasil e no exterior. Já devem existir centenas de citações da Horta das Corujas nos mais diversos trabalhos escolares, TCCs, dissertações de mestrado e teses de doutorado. Também já recebemos visitas de delegações de professores de universidades da Alemanha, Inglaterra e Austrália. Aliás, esse movimento todo da agricultura comunitária do qual fazemos parte fez surgir no Instituto de Estudos Avançados da USP o Grupo de Estudos de Agricultura Urbana, tendo como uma das coordenadoras a super Thais Mauad. A turma de acadêmicos já produziu variados estudos, colocando São Paulo em posição de destaque mundial nas pesquisas sobre a produção urbana de alimentos.

Depois de muito observar os passeios estudantis fiquei achando que menos conteúdo e mais contemplação é melhor. Crianças hoje em dia quase não têm a oportunidade de brincar em espaços naturais de verdade. As experiências ao ar livre muitas vezes se restringem a gramados, às vezes de plástico. Deixar que elas passeiem, observem e brinquem dentro da horta vale muito. Notei que quando as crianças conseguem extravasar energia física no começo do encontro, se acalmam com mais facilidade. Uma vez eu acompanhava estudantes de mais ou menos 8 anos e suas professoras. Estávamos caminhando da nascente do córrego das Corujas, a poucos quarteirões da horta, até a própria. Percebi que as professoras estavam se esforçando demais para tentar conter os alunos e o clima era de irritação mútua. Quando entramos na praça, tive uma ideia. Sem combinar com as educadoras (às quais peço desculpas agora), gritei: "Corrida até a horta. Um, dois, três e jááááá!". Saí com a criançada a mil pelos mais ou menos 100 metros de trilha até chegar perto da horta. Tive alguns segundos para pensar numa estratégia que os fizesse parar. Quando estávamos em frente ao portãozinho da horta, gritei de novo: "Estááááátua!". Todos ficaram imediatamente imobilizados, eu abri a porteira, disse "Bem-vindos" e entramos calmamente. A visita começou com outro astral, mas tomei juízo e nunca mais fiz isso.

A programação escolar me trouxe uma amiga e deu origem a uma ambientalista e permacultora: Brasília Geribello de Arruda Botelho, mais conhecida como Bra, que entrou nas nossas vidas trazendo seus alunos do colégio São Domingos para uma atividade extracurricular. E, entre todas as instituições de ensino que já frequentam a horta, acredito que o recorde no número de visitas pertence à escola Piccolino. A professora Marli Peixoto dos Anjos é quem costuma liderar as excursões, que consistem, sobretudo, na contemplação da horta, uma decisão muito acertada.

Quando se fala em educação ambiental o foco costuma ser nas crianças. Durante mutirões, já aconteceu de um pai ou mãe ficar para o lado de fora da cerca e empurrar o filho para dentro, oferecendo-o como mão de obra. Situação saia justa. Acredito que, se a família deseja mesmo que os pequenos mexam com horta, seria bom os adultos darem o exemplo. Uma vez recebi a diretora de uma escola de educação infantil acompanhada de sua equipe de professoras. A ideia era criar uma horta no colégio, mas não sabiam por onde começar. Na conversa uma delas comentou que foram passear pelo pátio com as crianças para mostrar onde seria a horta. Um aluno de 4 anos comentou "Nesse lugar aí não vai dar nada porque o solo está ruim". Minha sugestão foi: "Chamem a família desse menino para orientar vocês. Eles sabem de tudo". Ou seja, as crianças que convivem num ambiente onde produzir solo, plantar e colher são atitudes cotidianas aprendem rápido e naturalmente.

Visitas escolares guiadas estão suspensas na Horta das Corujas por falta de voluntários para fazer o acompanhamento, mas nossa porteira não tem tranca. Qualquer pessoa ou grupo pode visitar quando quiser. Plantas, nascentes, abelhas, libélulas e todo mundo que lá habita, até mesmo os caminhos, ficam sempre muito felizes em receber a criançada.

Nossa função é preparar um cenário que seja atraente para proporcionar a vivência da natureza. Cuidamos com atenção especial do que pode agradar as crianças. Além da moita de dormideira, sempre um sucesso, tem a Branca de Neve e os... dois anões e meio. O time dos sete estava completo, mas os atrapalhantes se superam: roubaram quatro estátuas de cimento pesadas e quebraram outra. Mesmo assim, os pequenos adoram as peças. Quem doou foi Luci Cara, hoje em dia morando no interior, mas que frequentava a horta em seus primeiros anos e costumava trazer mudas, tradição que seu filho Lucas Guidi manteve. A galera dos contos de fadas chegou ao novo endereço desbotada e envelhecida. Aí entrou em cena Veridiana Moffa, sempre genial com tintas e pincéis.

Outra contribuição importante da horta para o mundo é o aprendizado coletivo. Ao longo da nossa história já aconteceram muitas aulas abertas e oficinas já citadas. A mais original talvez tenha sido a de E.M. (sigla para Microrganismos Eficientes em inglês). Foi dada em 28 de dezembro de 2016 por Moysés Galvão Veiga, técnico agrícola especialista em hortas orgânicas. Lembro bem da data porque foi naquela semana de recesso de fim de ano, única época que o professor estaria em São Paulo, já que mora no Espírito Santo. Achamos que não ia aparecer ninguém, mas éramos mais de vinte pessoas aprendendo a técnica ancestral de coletar fungos do bem no meio do mato, usando arroz empapado deixado ao relento dentro de um oco de bambu. O arroz fica com as cores de arco-íris graças aos microrganismos e depois se dilui em água a poção mágica. O líquido resultante é um potente ativador da compostagem e fertilidade dos canteiros. Adorei aprender, mas no dia a dia não consigo dar conta de mais essa preparação. Então quem quiser se especializar em E.M. e doar para nós está convidado.

De Araraquara a Salvador

Um quentinho dentro do peito acontece também quando dizem que a Horta das Corujas serviu de inspiração para o surgimento de outras nos mais diversos lugares. Já narrei a história dos jovens de Alto Paraíso e agora compartilho a da Horta da Zona Norte, em Araraquara. Passei por lá em 2019, quando me hospedei com Guto Zorello e Viviane Noda na Casoca, uma casa permacultural na cidade. Eles que me apresentaram o Flávio Rodrigues, mais conhecido como Preto, liderança do Vale Verde, um dos maiores conjuntos habitacionais populares do Brasil. Apaixonado pela agroecologia, Preto foi um dos criadores da Horta da Zona Norte, que virou um recanto de natureza e convivência para o bairro. Surpresa gostosa foi ver que as orientações que ficavam na porta tinham exatamente o mesmo texto que eu escrevi para as Corujas e ouvir que se inspiraram em nós. Mas naquele momento estavam pensando em desistir por causa dos roubos de mudas. Quando eu disse que conosco era exatamente a mesma situação, se conformaram e resolveram persistir. Tropeçar nos buracos deixados pelos ladrões de mudas virou piada e assim seguimos enfrentando os desafios com leveza e bom humor.

Também é motivo de orgulho sermos a horta-madrinha do Programa Hortas Urbanas Salvador. Em 2016 recebemos a visita de André Fraga, então Secretário do Meio Ambiente da primeira capital do Brasil. Naquela época, a prefeitura de lá recebeu de Wilson Brandão Lima a sugestão de transformar em canteiros uma área pública abandonada ao lado do prédio onde mora, no bairro de Pituba. Mas ninguém estava acreditando que fosse possível até que a visita à Horta das Corujas transformou André em apoiador da ideia e agora já são mais de 100 hortas na cidade. A número um continua sendo cuidada por Wilson, sua esposa Claudia Lima e Marcelo Alexandre Silva, criador do Meliponário Caminho, que salpicou o local de colmeias de abelhas nativas sem ferrão. Só que, devido aos roubos de plantas (drama que conhecemos muito bem), a horta hoje em dia fica fechada com cadeado e os mutirões acontecem nos finais de semana de manhã.

Rá-tim-bum

Se nem tudo são flores, o que não falta é festa. O trabalho pesado, diário e silencioso da jardinagem comestível requer de vez em quando momentos de confraternização para honrar a natureza, nosso suor e recobrar o fôlego. Provavelmente por essa razão todas as tradições ancestrais têm suas comemorações relacionadas ao ciclo agrícola. Pelas hortas de São Paulo as festas de aniversário são sempre um sucesso. No primeiro ano achei engraçado cantar parabéns para um lugar. Hoje em dia o "Rá-Tim-Bum: Horta! Horta! Horta!" me parece a coisa mais natural. E não só nas Corujas. Os amigos da enxada se visitam nas festas das diferentes hortas, que costumam ter programações educativas, culturais e muita alegria.

Já contei em capítulos anteriores como foram o primeiro e o segundo aniversário da Horta das Corujas. Aconteceram encontros festivos também do terceiro ao décimo aniversário, sendo que os dois últimos em plena pandemia. O único 29 de setembro sem festa foi em 2023 e acho que isso também se deve à maré baixa de voluntários. De alguma forma, este livro, lançado antes de fechar o décimo segundo ano, é uma celebração. Nos anexos você vai encontrar uma relação com todas as atividades oferecidas nessas festas e as pessoas que as realizaram, às quais somos para sempre agradecidas.

A vontade de festejar foi se espraiando para outras ocasiões. Na praça das Corujas desfila no domingo posterior ao carnaval o Bloco TodoMundo, liderado pela estrela da nossa festa de inauguração: o compositor, cantor, professor e pesquisador da música brasileira

Paulo Padilha. As incursões carnavalescas começaram com mutirões marcados estrategicamente para começar nos canteiros e terminar na folia. Para mim, a coisa evoluiu bastante: entrei para o bloco na ala dos tamborins em 2019 e de lá não saio. Durante um tempo, também fizemos parceria com um coletivo de pais e mães de crianças pequenas que criaram o projeto Coruja Musical. Eram encontros ao lado da horta, muito livres, que faziam da iniciação musical uma brincadeira imersa na natureza. A galera construiu seus instrumentos musicais e uma estrutura móvel que ficava abrigada ao lado da composteira. Viviam achando pretexto para encontros festivos e rolaram duas festas juninas unindo os corujeiros da enxada com as famílias da música. Com o tempo, esse coletivo se dissolveu, mas tenho certeza de que as vivências tiveram grande importância na vida daquelas crianças e de tantas outras que frequentam a horta.

Festivais

O clima de celebração atingiu ápices com os Festivais de Agricultura Urbana que, de alguma forma, também são desdobramentos das conexões geradas nas hortas. Até agora aconteceram sete edições que condensaram um monte de experiências e geraram muitos novos projetos, amizades e namoros. Isso começou na época em que eu era conselheira do meio ambiente na Subprefeitura de Pinheiros e recebi o convite para criar alguma atividade a ser realizada na praça Victor Civita, que fica ao lado da estação Pinheiros do metrô, onde até 1989 existiu uma usina de incineração de resíduos tóxicos. A praça, antes adotada pela editora Abril e batizada com o nome de seu fundador, foi devolvida à prefeitura, que não tinha recursos para manter as atividades culturais. Gustavo Freiberg, artista e naquele momento funcionário da subprefeitura, sugeriu que eu propusesse alguma atividade ali. Com mania de grandeza, propus um dia inteiro de programação para festejar e fortalecer o movimento das hortas comunitárias e do ambientalismo paulistano em geral.

A inspiração era uma certa ideia meio idealizada de feira medieval, ocasião de encontros, aprendizados e comida farta. Convidei as amigas Bia Goll, Regiane Nigro e Susana Priz para mergulhar na aventura e surgiu um evento misturando três eixos: 1) atividades de educação ambiental, oficinas, vivências, shows e divertimentos; 2) feira de alimentos produzidos pela agricultura urbana de São Paulo; 3) feira gastronômica com lanches, quitutes e todo tipo de comidinha deliciosa, saudável e natural. Detalhe: isso tudo sem produzir lixo ou desperdício nenhum. Para participar o pré-requisito para expositores era não oferecer nenhum tipo de embalagem plástica. Os poucos resíduos gerados seriam orgânicos, e fizemos questão de compostar.

Deu supercerto! Os festivais são divertidíssimos, enchem de gente e viraram uma imersão concentrada no universo mágico da agricultura urbana. Começaram em altíssimo nível, contando até com sessão de autógrafos de Ana Primavesi, a cientista que primeiro compreendeu os mistérios do solo tropical e estabeleceu as bases teóricas da agroecologia no clima quente.

Um dia eu também já fui alguém que se sentia um ET que não encontrava amigos e parceiros interessados em vivenciar as soluções ambientais dentro da cidade. Sabendo como é difícil esse isolamento, faço questão de ajudar a criar ambientes e ocasiões para atrair os desgarrados e fortalecer vínculos entre hortelões urbanos e amantes da ecologia. Tudo o que eu coloco nas redes sociais e nessas páginas tem como intenção tecer a rede dos regeneradores socioambientais.

União das Hortas

Quando a Horta das Corujas completou um ano, em setembro de 2013, já éramos seis hortas comunitárias em São Paulo: Corujas, Ciclista, Centro Cultural São Paulo, Flores (Mooca), Faculdade de Medicina da USP e Saúde. Todos os voluntários mais assíduos já se conheciam e se ajudavam. Lembro de uma tarde muito divertida quando horteleiros de vários cantos se juntaram na Cidade Universitária para buscar grama cortada, material muito precioso para cobrir canteiros. Mariana Marchesi trabalhava no principal campus da Universidade de São Paulo e descobriu o tesouro. Passamos horas ensacando a palha, que teria o triste destino do aterro. Também houve toda uma delegação da Horta CCSP vindo na Horta das Corujas buscar mudas de bananeira que deram origem ao bananal suspenso de lá. Mas não existia nenhum grupo mais ou menos organizado que nos representasse.

Partiu dos arrimos dessas hortas a iniciativa de criar a União de Hortas Comunitárias de São Paulo. Durante o período de preparação, resgatamos um documento importantíssimo, criado nos primórdios do grupo Hortelões Urbanos, que tinha ficado esquecido por diversos anos nas gavetas eletrônicas. É o Manifesto dos Hortelões Urbanos, texto digitado a muitas mãos, todas elas com terra sob as unhas. Aqui explicamos quem somos, o que queremos e no que acreditamos. Lembro de ter sido uma das redatoras e ao reler hoje, mais de uma década depois, não me identifico com alguns trechos. Acredito cada vez mais no diálogo com quem pensa diferente e na transição suave para a agricultura descentralizada e regenerativa com relações de trabalho justas. Mas esse texto histórico merece ficar registrado.

MANIFESTO DOS HORTELÕES URBANOS

Nós somos agricultores urbanos: vivemos na cidade e plantamos alimentos.

Fazemos isso porque queremos caminhar rumo à autonomia e soberania alimentar. Nosso objetivo é diminuirmos progressivamente a dependência da agricultura convencional, da indústria alimentícia e dos grandes varejistas. Buscamos a interconexão entre todos os moradores e moradoras de uma cidade e acreditamos na possibilidade de cada pessoa cultivar parcialmente ou integralmente seu próprio alimento de forma orgânica e agroecológica.

A CIDADE E O CAMPO: UM SÓ TERRITÓRIO

Entendemos a questão da polarização entre a cidade e o campo como uma relação sem hierarquias tendo em vista que a dependência é mútua. Conseguimos produzir apenas uma parte dos alimentos de que necessitamos e por esse e outros motivos apoiamos um modelo mais sustentável de produção agrícola no campo, *baseado na agroecologia enquanto projeto político para o sistema alimentar. Repudiamos os impactos negativos da agricultura convencional sobre o meio ambiente desde a extração de recursos naturais, transporte, embalagem e geração de resíduos e uso da mão de obra. Buscamos parcerias com pequenos produtores agroecológicos e demandamos acesso a redes locais de comércio justo em contraposição ao agronegócio de larga escala, extremamente dependente de combustíveis fósseis, que explora intensivamente da terra, tortura os animais, usa agrotóxicos de forma massiva e concentra a renda na mão de poucas pessoas, prejudicando, em todas as etapas de produção, a natureza e a sociedade.*

A MEMÓRIA ASSEGURA O FUTURO

Percebemos a importância de protegermos os conhecimentos agrícolas ancestrais que a agricultura baseada em fertilizantes químicos, agrotóxicos, latifúndios, monocultivo e alta mecanização tenta extinguir. Alimento para nós é um direito e condição básica para a dignidade humana e para a cidadania. Queremos unir os saberes tradicionais ao conhecimento científico moderno proporcionado pela agroecologia. Defendemos a troca horizontal de conhecimentos e o compartilhamento de recursos para nos integrarmos à rede mundial de agricultores urbanos intimamente ligada à agricultura familiar e outros movimentos com os mesmos propósitos.

Trocamos e doamos sementes e mudas, assim como nossas descobertas. Somos contra a privatização da tecnologia de produção de alimentos e do banco genético das espécies comestíveis nas mãos de corporações. Achamos criminoso o lucro proveniente da especulação financeira e das patentes que impedem uma parte da humanidade de ter acesso ao alimento. Acreditamos na criação de bancos de sementes orgânicas, crioulas e tradicionais que possam resgatar a biodiversidade e contribuir para a ampliação do fluxo gênico das espécies agrícolas e não agrícolas entre os agricultores. Sementes possuem valor inestimável para as presentes e futuras gerações.

NOSSO COMPROMISSO

Assumimos a tarefa de cultivar alimentos de forma menos artificial e gerar riquezas sem degradar a natureza ou explorar outros seres humanos. Acreditamos no potencial educativo de hortas urbanas, estimulando o contato humano com as dinâmicas naturais e ampliando a consciência ambiental e cultural dos indivíduos em sua realidade local. A agricultura urbana fortalece a identidade das pessoas com a terra e promove o senso de cidadania na construção de cidades mais justas e sustentáveis.

Assumimos ainda a responsabilidade de cultivar a vida nos espaços ociosos das cidades, incentivando o compartilhamento equitativo do espaço público pelas pessoas em defesa do bem comum. A cidade deve ser vivida e sentida por todos e todas e deve gerar iguais oportunidades para todas as pessoas, independente de

> *gênero, etnia ou grupo social, para cultivarem alimentos de qualidade e em abundância. A agricultura urbana deve ser uma ferramenta para o combate à fome, à desnutrição, à obesidade e às outras doenças nutricionais, sendo ela promotora da saúde coletiva e da sustentabilidade nas cidades.*
>
> *COMIDA DEVE NUTRIR CORPO, RELAÇÕES SOCIAIS E TERRA*
> *Valorizamos o sabor e as qualidades nutritivas dos ingredientes frescos e sazonais. Mas não queremos pagar uma fortuna por eles. Não aceitamos alimentos encharcados de agrotóxicos, o sabor insosso dos congelados e a ilusão nutricional da comida industrializada. Preocupamo-nos com a saúde coletiva e acreditamos que uma alimentação balanceada e com produtos de qualidade é a base para uma saúde integral e preventiva.*
>
> *Plantamos alimentos na cidade sobretudo porque amamos o contato com a terra e a reconexão com os ciclos da natureza. Honramos o trabalho braçal e estamos preparados para ensinar e aprender o cultivo de alimentos bons, limpos e justos. Buscamos a valorização do agricultor, tanto no campo como na cidade, como uma das profissões mais nobres e honráveis, digna de respeito e remuneração adequada. Queremos mostrar que a cidade integra o ecossistema e a bacia hidrográfica e deve incorporar a natureza e seus fluxos em suas decisões de planejamento e em suas áreas públicas.*
>
> *Ao cultivar alimentos na cidade, criamos comunidades solidárias de vizinhos ao redor de nossas hortas, recuperando laços sociais e o hábito da boa convivência no espaço público. Fortalecemos assim nossa identidade pessoal e coletiva, nossas histórias, nossos sonhos e nossos projetos. O cultivo urbano favorece a criação de laços de amizade e interação baseados na partilha da colheita, no uso coletivo de recursos e na celebração da diversidade. A construção de comunidades urbanas vem destruir a impessoalidade e massificação da vida na cidade e busca re-significar a convivência humana em sociedade.*

Pedal das hortas

Tendo como paixão comum as hortas urbanas e como ponto de partida conceitual o manifesto, resolvemos ir para o mundo. Literalmente. O lançamento oficial da União das Hortas Comunitárias de São Paulo foi um passeio ciclístico inter-hortas em 4 de março de 2018. Reuniu mais de 150 pessoas e durou o dia todo. Apenas dois meses depois, no feriado de primeiro de maio, inauguramos um totem na praça do Ciclista, nosso marco zero, que já não existe. Sabe aquelas placas que aparecem em pontos turísticos com flechas e contagem de quilômetros para pontos importantes do planeta? Reproduzimos isso registrando a direção e distância de todas as hortas que naquele momento faziam parte da União. A empolgação era tanta que logo depois veio o 2º Pedal das Hortas, em 20 de maio, dessa vez com um roteiro focado nos bairros da Zona Oeste. Visitamos seis delas, mas a única que continua viva é City Lapa. O terceiro passeio ciclístico hortelão foi em 22 de setembro de 2019, ligado à Greve do Clima e também ao Dia Mundial Sem Carro. Dessa vez fomos da Zona Sul à Zona Leste, iniciando com a Horta da Missão Ambiental (Ipiranga) e chegando à Horta das Flores, onde rolou troca de mudas e sementes. Aí entramos todos com nossas bicicletas no metrô e fomos para o largo da Batata, visitar novamente os canteiros agroflorestais Batatas Jardineiras e participar da aula pública "Agroecologia é solução para o clima". Felizmente, essas três hortas seguem vivas e fortes.

A pandemia de Covid-19 desorganizou as articulações e atualmente vivemos um novo momento, em que as hortas se espalharam e existe o Sampa+Rural, a política pública de apoio à agricultura urbana da Prefeitura de São Paulo. Crescemos e nos multiplicamos. Os velhos companheiros da União de Hortas seguem em contato como um grupo de amigos.

CAPÍTULO 10
Até aqui chegamos

Do impeachment à candidatura

Em 2018 o Brasil iria escolher um novo presidente, governadores, senadores, deputados federais e deputados estaduais. Eu queria distância da política institucional por acreditar que a causa da comida e água boa para todos é o interesse geral de todas as nações e ideologias. E que a não filiação facilitaria o diálogo amplo com as mais diversas pessoas. Acontece que acabei me enredando num movimento chamado Bancada Ativista, àquela altura agrupando ativistas de diversas pautas para disputar coletivamente um cargo de deputado estadual em São Paulo.

Esse movimento tinha nascido dois anos antes, em 31 de agosto de 2016, quando o mundo assistiu ao impeachment da presidente Dilma Roussef. Naquela noite o Congresso Nacional virou palco de um espetáculo triste. Um a um, os 513 deputados federais foram ao microfone registrar seu voto. Com um olho na tela da TV e outro nas cascatas de comentários do Facebook, Caio Tendolini, articulador de movimentos políticos e sociais, não se conformava que os eleitos estivessem tão desconectados das características e das necessidades do povo brasileiro. Analistas classificavam os blocos do Congresso em Bancada do Boi, da Bala, da Bíblia. Caio então sonhou alto, digitando "E se tivéssemos uma bancada de ativistas?". A conversa rendeu e foi assim que surgiu a Bancada Ativista, um coletivo composto sobretudo de pessoas na faixa dos 30 anos, urbanas, com origem na classe média mais intelectualizada, que dali para frente se empenharia em renovar a política. A mobilização nasceu às vésperas das eleições municipais e as candidaturas já estavam engatilhadas. Só foi possível naquele ano fazer a curadoria de campanhas a vereador na cidade de São Paulo que representassem causas relacionadas à redução das desigualdades sociais, progressismo nos costumes, transparência e inclusão no sistema de poder de mulheres, negros, homossexuais, jovens e cidadãos vindos de famílias sem nenhuma tradição na política e desprovidos de fortunas para investir em campanhas. Selecionaram oito candidatos, que os ativistas da Bancada fizeram de tudo para promover. Eram eles: Marcio Black, Marina Helou e Pedro Markun, filiados à Rede Sustentabilidade, e Adriana Vasconcellos, Douglas Belchior, Isa Penna, Todd Tomorrow e Sâmia Bonfim, do PSOL. A única vitoriosa foi Sâmia, atualmente deputada federal, que passou raspando com pouco mais de 12 mil votos. Apuradas as urnas, os votos dos oito somados chegavam a quase 70 mil, quantidade superior à que muitos partidos tinham conseguido. Surgiu daí a estratégia para as próximas eleições: unir os selecionados em uma única candidatura coletiva.

A fama da Horta das Corujas colocou meu nome no radar. A conexão se fez por meio de Anne Rammi, participante da Bancada Ativista e que me conhecia do Movimento Infância Livre de Consumismo, MILC para as íntimas, que reunia mães de várias regiões do país, inclusive eu. E de André Biazotti, companheiro das hortas que um dia me convidou para conversar sobre essa possibilidade. O local marcado foi a mesma padaria Villa Grano, na Vila Madalena, onde aconteceu a primeira e única reunião presencial dos Hortelões Urbanos, em 2012, ocasião em que conheci de perto o próprio André. Aceitei para não ser indelicada, mas já tinha o discurso de recusa pronto na cabeça: "Obrigada por lembrarem de mim. Seria uma honra, mas acho importante manter minha atuação apartidária para não dificultar a conexão entre pessoas de diferentes ideologias e estilos de vida às redes de agricultura urbana e outras causas ambientais que ajudo a tecer e blá blá blá...". Não tive a oportunidade de declamar o texto. Nessa reunião, Caio Tendolini foi convincente ao sugerir que, unindo-me a ativistas de outras causas, eu poderia influir positivamente em temas que meus braços não conseguiam alcançar, como o antirracismo, o feminismo, direitos humanos, a melhoria da saúde e educação públicas e o combate à homofobia.

Pensei em escapar pela saída da autopreservação: "Caio, se eu entrar nisso minha vida vira um inferno, não vou conseguir cuidar da horta nem jogar basquete". Ele respondeu que o convite significava entrar na política justamente para fortalecer o ativismo. E que também era praticante de basquete e entendia a sacralidade dos horários de treino. Joguei fora o discurso e só faltava um passo para pular no barco, que era obter o consentimento dos principais coletivos onde atuava: Horta das Corujas e PermaSampa. Se eu fosse enfrentar uma campanha política, não seria um projeto individual. Eu estaria representando os hortelões e os permacultores de São Paulo. Se isso causasse incômodo a alguém, desistiria na hora. Mas foi o contrário. A galera deu apoio e assim começou um dos períodos malucos da minha vida, um pouco semelhante à gravidez do Alex e da Julieta, a essa altura já com 17 anos, só que mais curto (uns sete meses) e bem mais alucinado.

O grupo de cocandidatos ainda não estava formado. E cada um que chegava participava da escolha dos próximos. As pessoas mais ativas na coordenação da pré-campanha eram Caio Tendolini, Pedro Telles, Gabriel Lindenbach e Daniela Teixeira. Minha rotina passou a incluir reuniões políticas, imersões e, em breve, eventos de campanha. Eu era a cocandidata ambientalista e agricultora. Logo de cara, fiz questão de avisar: "Para mim o plantio é uma prática quase diária que acontece ao ar livre e durante o dia, então não poderei cumprir expedientes completos a semana inteira em locais fechados antes ou depois das eleições. Se isso for um impedimento para minha participação, vou embora agora". Aceitaram essa condição e em breve nós estávamos anunciando ao mundo que nos juntamos para disputar uma vaga de deputado estadual e que pretendíamos exercer o mandato coletivamente. Entre os oito novos companheiros, as únicas pessoas que já tinha visto anteriormente eram as colegas do Movimento Infância Livre de Consumismo: Anne Rammi, feminista e defensora das crianças; e Raquel Marques, também feminista e profunda conhecedora do sistema e das questões de saúde pública. Os demais passaram de totais desconhecidos a parceiros em instantes: Fernando Ferrari, ativista dos direitos humanos; Paula Aparecida, professora e defensora dos animais; Jesus dos Santos, do movimento negro; Chirley Pankará, liderança indígena; Erika Hilton, defensora dos direitos LGBTQIA+; e Mônica Seixas, do feminismo negro, que foi escolhida como a candidata oficial, nosso nome na urna. E, se era para entrar na política, eu precisava estar num partido. Escolhi buscar filiação na Rede Sustentabilidade.

Continuei trabalhando na Horta das Corujas durante toda a campanha eleitoral, o que foi um ótimo contraponto de calma e verde numa agenda insana. No dia da eleição, votei pertíssimo da horta, no antigo colégio Hugo Sarmento. Saí de lá direto para mais um mutireu, quando mergulhei nas atividades agrícolas e esqueci por algumas horas que meu futuro próximo e os rumos do Brasil estavam sendo decididos.

Vencemos com 149.844 votos, até hoje o maior número obtido por uma candidatura coletiva no país. As atenções da mídia se voltaram para nós, considerados uma grande inovação em um cenário político que, com a eleição de Jair Bolsonaro como presidente e casas legislativas predominantemente conservadoras, parecia apontar para o passado. Só tomaríamos posse em março, pois os mandatos legislativos no Estado de São Paulo tinham essa diferença de fuso horário com o restante do país. Então foram quase seis meses de preparação para assumir, tempo de longas imersões e debates sociocráticos. Tempo de nos conhecermos melhor, ganharmos intimidade, e as diferenças de temperamento, causas defendidas, classe social, raça e ideologia começarem a gerar sementes de atritos que explodiriam num futuro não muito distante.

Para a natureza, o calendário político não tem a menor importância. As plantas são regidas pelas estações do ano, temperatura, quantidade de chuva e de sol que recebem. Continuei firmíssima na labuta da Horta das Corujas, evitando levar assuntos políticos para dentro da cerca. Durante a campanha e o curto mandato não aconteceu nenhuma panfletagem, gravação ou comício naquele espaço. Claudia agricultora e Claudia codeputada viviam rotinas desconectadas, porém os aprendizados do trabalho braçal e coletivo proporcionados pela horta enriqueceram muito minha atuação no gabinete.

Enxada na Assembleia

Afinal, o que faz uma codeputada? Fomos descobrindo pelo caminho. As ações oficiais, como discursar no plenário e votar, só eram permitidas à representante do grupo. De resto, ocupamos o gabinete 214 da Assembleia Legislativa de São Paulo como uma turma de centro acadêmico, informais e barulhentos, pretensiosos e confusos, tentando fazer o que estava ao nosso alcance para tornar o mundo melhor.

Desde sete anos antes, época da inauguração da horta, não acontecia uma reviravolta desse porte na minha vida. Agora eu precisava dar conta dos compromissos de codeputada, das plantas, das reuniões políticas, dos diversos ativismos, das aulas, palestras, redes e coletivos nos quais me meti. Além de tudo, abracei mais uma causa: a renovação política e o apoio a grupos que queriam se candidatar coletivamente desde o Rio Grande do Sul ao Amapá. Mesmo os filhos estando crescidos, para eles faltou mãe naquela época.

Os doze meses que se iniciaram em março de 2019 pareceram uma maratona. Minha área de atuação se estendeu para todo o Estado de São Paulo, que tem tamanho, população e complexidade de um país inteiro. E lá fui eu para Campinas, Botucatu, Presidente Prudente, Araçatuba, Lagoinha, Araraquara, Valinhos, São Miguel Arcanjo, São Bernardo, São Roque, Piracicaba, Ubatuba, Santo Antônio do

Pinhal, Ourinhos e Assis. Mas também continuei fazendo parte de articulações internacionais com pessoas que trabalham pela regeneração dos ecossistemas sobretudo nos países da América Latina. Naquele ano teve encontro na Costa Rica e um congresso da Red Internacional de Huertos Educativos (RIHE) no sul do Chile, aventura na qual tive a companhia dos queridos Mity Hori e Gabriel Zei. Estive em Santiago na época daquelas manifestações que pararam o país e iniciaram o processo de preparação para a nova constituição. O brasileiro Gui Benevides se tornou meu cicerone no cenário de guerra em que tinha se transformado o centro da cidade e me levou para uma assembleia popular num bairro afastado, onde respondi um monte de perguntas sobre mandato coletivo. Uma passadinha rápida na Argentina possibilitou conhecer as hortas de Rosário, que tem uma das melhores políticas públicas do mundo em termos de agricultura urbana. Todas as despesas foram pagas por mim (embora fosse codeputada, não utilizei dinheiro público) e acredito que as emissões de gases necessárias para essas viagens valeram a pena. Tudo o que aprendi continua me inspirando.

Fazia parte da rotina na Assembleia a reunião semanal da Comissão do Meio Ambiente, diversas audiências públicas e encontros das frentes parlamentares relacionadas a água, florestas, agroecologia e assuntos afins. Dois projetos importantes eram feitos a muitas mãos: o Programa Estadual de Redução de Agrotóxicos (Pera) e a Política Estadual de Agroecologia e Produção Orgânica (Peapo).

Percebi a importância dos mandatos para fortalecer partidos, grupos políticos e causas. Um gabinete funciona como uma empresa instantânea. De um dia para outro, quem vence a eleição recebe do Estado uma sede, equipamentos, funcionários, carro, verba e toda infraestrutura para, durante quatro anos, fazer mais ou menos o que quiser. Com minha experiência prévia em empresas de comunicação, notei que a maior parte do trabalho num gabinete tem a ver com construir e manter em alta a reputação da pessoa cujo nome está na porta. E que campanhas políticas têm a mesma lógica das campanhas publicitárias. Não faço a comparação pejorativamente, pois o debate público é bastante pautado por quem está nos espaços de poder. Ops, usei o jargão político. Traduzindo: a evolução das ideias na sociedade tem como porta-vozes fundamentais os políticos. As pessoas em geral imaginam que um deputado existe para escrever leis. Pode-se até escrever mil leis, no entanto, são raríssimas as que cabem na agenda de debates e votações da assembleia. Uma ou duas por ano por mandato é uma regra não escrita, mas comum. E mesmo as que são aprovadas correm o risco de "não pegar".

A experiência como codeputada me fez dar mais valor ainda ao ativismo. Antes de me infiltrar no Poder Legislativo, eu tinha a impressão de que os políticos são muito poderosos e os ativistas, formiguinhas. Só que a vida de agricultora me ensinou o poder das formigas. São elas que iniciam o trabalho de regeneração do solo. Chegam na terra dura e ressecada abrindo túneis que arejam e incorporando matéria orgânica que repõe a fertilidade. Conseguem viver em áreas inóspitas onde as desejadas minhocas não sobrevivem. Enquanto agia como formiga cavando meu tunelzinho na Assembleia Legislativa de São Paulo, descobri que os mandatários são menos poderosos do que eu imaginava antes e os ativistas conseguem mais do que em geral percebem.

De tudo o que consegui alcançar, essas são as três realizações que considero mais importantes:

1) Organizei o curso "Emendas parlamentares e Ativismo" entre outubro e novembro de 2019. Emendas parlamentares são aquele dinheiro que o governo dá para os vereadores, deputados e senadores distribuírem como querem. Eu desejo que elas não existam, pois desvirtuam totalmente a função do Poder Legislativo e servem para fidelizar eleitores, dificultando a transparência e a renovação da política. Quem conhece o assunto, em geral, esconde o caminho das pedras. Criei o curso justamente para tornar esses recursos mais acessíveis e foi um sucesso. Auditório sempre lotado e políticos tradicionais boquiabertos com a ousadia.

2) Mudança na legislação da compostagem. Foi assim: quando soube que a então presidente da Companhia Ambiental do Estado de São Paulo (Cetesb), Patricia Iglesias, estaria na reunião da Comissão de Meio Ambiente, levei a notícia para os especialistas em compostagem Antonio Storel, Guilherme Turri, Victor Argentino e João Carlos Godoy. Como poderíamos usar essa oportunidade para melhorar as normas que regem a compostagem? Eles responderam que a necessidade de licenciamento ambiental para pátios de compostagem que recebem acima de 100 quilos de resíduos orgânicos por dia era um entrave, pois o limite estava baixo demais. Como durante a reunião apenas a deputada oficial podia falar, Mônica e eu ficávamos trocando mensagens. Eu escrevi exatamente o que ela deveria perguntar. Patrícia foi receptiva, embora não esperasse que deputados formulassem uma proposta tão técnica. Consultou o assessor responsável pela área, que se manifestou a favor da mudança. E foi assim que o tema entrou nos planos da Companhia. Essa manobra política nos inseriu nas conversas que deram à luz a norma técnica 69 de 2020. Se hoje em dia os pátios de compostagem podem operar com até 500 quilos de resíduos por dia sem precisar de um complicado processo de licenciamento, podem me agradecer.

3) Plantio-aula no jardim da Alesp, evento aberto para quem quisesse participar e organizado em parceria com o mandato da Marina Helou e com a ajuda dos amigos ambientalistas Sergio Shigeeda (que deixou saudades), Welton Santos, Fernando Savio, Silvia Berlink e Rodrigo Sanches. Colocamos lindas mudas de ipês e araçás seguindo as melhores técnicas e espero que estejam crescendo felizes e florindo aquele espaço. A ocasião foi o pretexto que eu esperava para levar minhas enxadas para o gabinete. Subir aquela rampa de mármore e corrimãos dourados carregando o instrumento de trabalho mais simples e poderoso que existe foi emocionante. Terminado o plantio, Silvia, Welton e eu estávamos atravessando o "Hall Monumental" (sim, a entrada principal da assembleia é faraônica e tem esse nome) quando percebi que precisávamos agradecer

aos agricultores por alimentarem o mundo e terem construído as bases da riqueza do Estado de São Paulo. Baixamos nossas enxadas, fizemos um minuto de silêncio e reverência. Foi a única vez que deixei uma lágrima cair naquele prédio.

A cada dia que passava, a organização interna do gabinete avançava, assim como os conflitos. Ficou decidido que cada codeputado poderia ter um assistente. Usei essa vaga para contratar um dos melhores ativistas que conheço, Lucas Ciola, educador popular, permacultor, articulador da Rede Permaperifa, superexperiente em agroecologia e manejo de água. A chegada dele ampliou a capacidade do mandato de estar presente nas ações de grupos ambientalistas pelo Estado. Veio o fim do primeiro ano de mandato e o recesso parlamentar, mas a gente seguia na lógica do ativismo, então continuamos trabalhando bastante nos projetos paralelos enquanto as atividades do gabinete davam uma pausa.

Caos pandêmico

2020 começou como um ano normal. Janeiro calmo, fevereiro fervendo com o Carnaval. Era novamente ano de eleições municipais e os convites para apoiar coletivos que queriam se candidatar não cessavam. Na tarde de 11 de março eu estava no aeroporto de Cumbica a caminho de Maceió, onde iria compartilhar experiências e dar dicas de mandato coletivo num evento criado pela deputada alagoana Jó Pereira para incentivar mulheres a participar da política. Foi quando explodiu a notícia: a Organização Mundial da Saúde tinha acabado de anunciar a pandemia mundial causada pelo coronavírus. Fui viajar preocupada e, no voo de retorno, dois dias depois, percebi que o mundo tinha mudado. Muitas pessoas de máscaras, todos com expressões assustadas, evitando proximidade. O lockdown no Estado de São Paulo foi decretado em 24 de março. Antes disso, no dia 15, os mutirões na Horta das Corujas foram suspensos. Mas não me afastei.

Por ficar em um espaço público aberto, a horta não tem como ser trancada. E, diferentemente de outros lugares do mundo, em São

Paulo a polícia não proibiu as pessoas de sair de casa. Inexistia blitz para impedir o acesso às praças e resolvi manter o trabalho solitário e isolado para que o local não virasse um matagal abandonado. Os meses foram passando e aos poucos os mutirões coletivos começaram a ser discretamente retomados sem divulgação e restritos às pessoas mais experientes, que conseguem trabalhar na horta de forma autônoma. Usávamos máscara e adotamos a "distância social rural", ou seja, pelo menos cinco metros de afastamento durante o trabalho. A horta se tornou um refúgio ainda mais precioso em tempos tão tristes. Os visitantes continuaram aparecendo e para nós foi uma honra cuidar de um oásis que amenizou o sofrimento da quarentena para tantas pessoas. Além disso, plantar comida é atividade essencial no mundo e, embora o volume de produção não seja prioridade (nem possibilidade) na Horta das Corujas, existem sim colheitas e contribuímos para alimentar pessoas.

Os principais beneficiários dos mutirões pandêmicos acredito que tenham sido nós mesmas. Conseguir estar ao ar livre e em contato com a natureza em época de quarentena se tornou um enorme privilégio. Comemoramos timidamente e de máscaras o oitavo e nono aniversários, respectivamente em setembro de 2020 e 2021. Nenhum caso de transmissão de vírus foi registrado na horta.

Em plena pandemia, setembro de 2020, tivemos outra razão para comemorar: o lançamento da plataforma Sampa+Rural, que mapeou todas as hortas, iniciativas de agricultura e alimentação saudável da maior cidade da América do Sul. E a Horta das Corujas está lá, assim como todas as irmãs hortas comunitárias. Isso foi uma conquista enorme, já que começamos num tempo em que havia gente indo na praça gritar que éramos loucos e agricultura só deveria existir no campo. Também foi um alívio, pois vivíamos sob a sombra da clandestinidade. Sem nenhum documento garantindo a legalidade da horta, temíamos que um dia arranjassem pretexto para destruir plantas, abelhas, nascentes, tudo o que compõe aquele ecossisteminha lindo. A cerimônia de entrega da placa foi simples e emocionante, com a turminha mais chegada presente e mascarada. O "agente oficial" enviado pela prefeitura era amigo nosso: Diego Blum, gestor ambiental, mestre em Agroecologia e ativista desse movimento desde os primórdios.

Frente Alimenta

A situação nas comunidades periféricas e entre os pequenos agricultores, no entanto, estava dramática. Em geral, os habitantes das áreas urbanas não imaginam que os pequenos produtores estão entre as pessoas mais pobres da nossa sociedade e muitas vezes, apesar de plantarem comida, vivem em situação de insegurança alimentar por não terem dinheiro para comprar os itens que não produzem. E ninguém hoje em dia planta tudo o que consome, do óleo de cozinha à laranja. Com o início da pandemia, a situação piorou demais. Devido à confusão logística geral da quarentena, colheitas não encontravam comprador e eram desperdiçadas. E o número de pessoas passando fome só aumentava. Pensando em aliviar os dois problemas com uma só ação, Lucas Ciola, companheiro permacultor e naquele momento meu assistente no mandato, passou a buscar em roças agroecológicas perto de São Paulo o que estivesse sobrando para entregar em comunidades muito vulneráveis. A ideia era aplicar o princípio "Partilha dos Excedentes", um dos pilares da permacultura. Lucas doava o que tinha no bolso para os agricultores familiares, buscava o que eles podiam fornecer de alimento e entregava para lideranças comunitárias nas periferias. Tudo isso ele me contou por uma mensagem de whatsapp explicando "Olha só o que estou fazendo com meu tempo livre já que não podemos ir ao gabinete trabalhar presencialmente".

Eu amei a iniciativa e resolvi ajudar com doações e divulgando nas redes sociais. Outros ativistas se sensibilizaram e menos de um mês depois do início da crise sanitária mundial, estava no mundo o projeto "Anticorpos Agroecológicos", com a missão de levar comida fresca e saudável para quem mais precisa reforçar a imunidade e ao mesmo tempo oferecer apoio aos agricultores. Naquela época eu só saía de casa para comprar comida e ir à Horta das Corujas. Mas abri uma exceção para ir atrás de dez caixas agrícolas (aqueles engradados de plástico que em geral transportam colheitas do campo ao comércio) e estacioná-las na calçada em frente à minha casa. Avisei Vicente Cantil Queiroz e Binho Queiroz, os vigias da minha rua, que a qualquer hora do dia ou da noite podiam aparecer pessoas para buscar ou devolver caixas. Era só entregar ou receber, sem fazer perguntas. Anticorpos Agroecológicos funcionou vários meses na improvisação absoluta e na base da dedicação das mesmas formiguinhas ativistas de sempre, que deram dinheiro ou fizeram frete. Não por coincidência, em grande parte eram pessoas que em algum momento fizeram parte da turma de voluntários da Horta das Corujas. Essa fase foi importantíssima para criar as bases do que hoje se chama Frente Alimenta e abastece continuamente cozinhas comunitárias nas periferias de São Paulo.

A Frente Alimenta, coordenada por mim e por Regiane Nigro e Daniele Custódio, entre março de 2021 e dezembro de 2023 doou cerca 60 mil quilos de alimentos que se transformaram em 250 mil refeições saudáveis e gratuitas. A iniciativa é realizada em parceria com o Instituto Kairós, ONG que desde o começo do século atua em prol da agroecologia e do consumo responsável de alimentos. Ser agricultora e a experiência da Horta das Corujas são fundamentais para a criação e aprimoramento das tecnologias sociais da Frente Alimenta. A vivência com a enxada faz toda a diferença na hora de trocar ideias com os produtores e buscar soluções juntos. Conhecer a realidade prática da agricultura possibilita alcançar soluções mais eficientes. Quer um exemplo? Os alimentos frescos e sem agrotóxicos chegam às cozinhas do jeito que foram colhidos, em caixas agrícolas retornáveis, gerando menos trabalho, zero lixo e zero desperdício. Imediatamente são usados na preparação de refeições e, se há alguma sobra, vão para a "Feira de Graça" no próprio bairro. A atuação da Frente Alimenta engloba ainda ajudas de custo, equipamentos, custeio de reformas de instalações e ajuda em todo tipo de perrengue que acontece nas hortas e nas cozinhas comunitárias.

Boa parte dos alimentos doados pela Frente Alimenta são fornecidos pelos agricultores familiares parceiros do Instituto Terra Viva, que atua na região de Sorocaba. Mas o projeto também conecta diretamente hortas urbanas e cozinhas comunitárias que ficam a poucos quilômetros de distância. Sebastiana Helena de Farias, Magno de Paula e Paulo Miyazato, hoje fornecedores da Frente Alimenta, são agricultores que conhecemos graças à rede de ativistas que se formou ao longo dos anos.

Semana da Terra

Na reclusão da pandemia, resolvi criar mais um projeto: o programa Semana da Terra, que resume as notícias ambientais mais importantes do Brasil e do mundo. Praticamente desde a infância acompanho os rumos preocupantes do meio ambiente e sempre me senti um tanto solitária nesse mergulho. Embora seja uma pessoa em geral animada, antes de virar agricultora a ansiedade ecológica era uma espécie de véu de tristeza que me envolvia. A conexão direta e diária com o solo, as plantas e o sol – poderosa fonte de bem-estar de acordo com a ciência – apaziguou meu coração. O surgimento da Horta das Corujas ampliou esse efeito, trazendo a oportunidade de viver uma quase utopia em 800 metros quadrados, algo que intensificou meu amor à vida. O engraçado é que as pessoas que me conheceram de enxada na mão, saltitante entre os canteiros da horta, muitas vezes me tomaram por alienada. Não conheciam esse lado B, a cidadã-jornalista que se afoga em más notícias e resolveu justamente virar agricultora para lidar de maneira prática e ao mesmo tempo calmante com a possibilidade do colapso civilizacional.

O Semana da Terra existe para chamar atenção para temas da mais alta importância que têm passado despercebidos, já que hoje em dia muita gente desistiu de acompanhar o noticiário e as mídias estão inundadas com assuntos irrelevantes. Transformo o escritório doméstico em um estúdio de gravação todas as quintas-feiras. Eu mesma faço o roteiro, sou a editora, apresentadora, iluminadora, maquiadora, figurinista e contrarregra. Pintei uma lona com a cor especial dos fundos falsos de estúdio (*chroma key*, ou cromaqui, tonalidade que faz parte do cardápio dos fabricantes de tintas de parede). Para dar conta de todos os afazeres, não consigo ser muito pontual em atividade nenhuma. O horário do programa deveria ser sete da noite, mas acabo transmitindo pelo Instagram, Facebook e meu canal do Youtube em algum momento entre 19h e 21h.

Não é um grande sucesso de público, até porque o colapso ambiental seduz pouco, mas sinto que estou contribuindo na divulgação de informações científicas e no preparo dos corações e mentes para os desafios crescentes com os quais a humanidade já está sendo obrigada a lidar devido a mudanças climáticas e devastação dos ecossistemas.

A atividade de jornalista também me presenteou com a sensação de estar conseguindo atuar de alguma forma no debate público, já que o mandato coletivo da Bancada Ativista foi para o brejo em 2021. Oficialmente, a sobrevida se arrastou até o fim da gestão, em 2023. No entanto, os conflitos internos provocaram em nossa porta-voz a reação de passar por cima do grupo e assumir individualmente o papel de deputada. A história é longa, cheia de tretas, foi amplamente divulgada pela imprensa e pelas redes sociais. Se fosse contar tudo seria necessário outro livro, que não pretendo escrever. O resumo da ópera é que os codeputados na prática foram sendo afastados de forma sutil, pelo não compartilhamento de decisões, ou por meio de desligamento mesmo.

Não digo que a experiência de codeputada foi em vão, pois, enquanto durou, valeu muito, e em todo o processo ajudamos a dar origem a cerca de trinta mandatos coletivos hoje em ação no país, alguns também implodidos, mas muitos dando certo. Estivemos na linha de frente, testamos formatos, fomos o foguete que queimou para que outros conseguissem chegar à lua.

Nova campanha

Mas eu não desisti da renovação política e de levar a permacultura, a agroecologia e as soluções baseadas na natureza para o coração do Poder Legislativo. O abrandamento da pandemia coincidiu com o agravamento da crise social no Brasil, e a Organização das Nações Unidas anunciou a volta do Brasil ao mapa mundial da fome, condição que havia sido superada em 2014 após muito esforço das políticas públicas e de iniciativas cidadãs. Em 2022, o Segundo Inquérito Nacional sobre Insegurança Alimentar no Contexto da Pandemia de Covid-19 no Brasil apontou que 33,1 milhões de pessoas não tinham garantia de acesso à alimentação e mais da metade da população brasileira convivia com a insegurança alimentar em algum grau.

Considerando a fome o problema mais grave do país e tendo prática em plantar, colher e criar um projeto-piloto de políticas públicas ideais (para mim essa é a melhor definição do que a Frente Alimenta faz) lá fui eu organizar mais uma candidatura coletiva. Escolhemos o nome "Alimenta SP", e o grupo reunia ativistas comprometidos com a causa da comida boa acessível para todos os brasileiros sendo produzida com técnicas que regeneram a natureza. Sob a bandeira do Partido Verde, juntei-me a Lucas Ciola, Marina Pascon, Leila DBarsoles, Caio Rennó, Alê Monteiro e Raquel Almeida.

Nessa nova campanha política, eu era o nome na urna e a agenda mais uma vez virou uma loucura. Mesmo assim, tentei ao máximo manter a frequência nos mutirões e 'mutireus' da Horta das Corujas. Como apareci no horário político, um dia algum participante do grupo do Facebook postou um recado exigindo meu afastamento da horta. Há muita gente por aí que odeia todos os políticos igualmente e posso até compreender as razões. Mas não obedeci, até porque quase não há quem se empenhe para fazer manutenção por ali. Se eu sumir, a coisa fica complicada...

Durante o processo eleitoral nossa candidatura foi considerada quase exótica. Combate à fome e regeneração da natureza ainda não eram considerados assuntos que cativam eleitores. E recebi vários avisos de que seria loucura fazer campanha lixo zero, sem nenhum plástico ou adesivo, imprimindo os panfletos um a um com tinta atóxica. Mesmo assim perseveramos no objetivo de não causar poluição. Recebemos 7.337 votos, o que não foi suficiente para sermos eleitos. A experiência valeu muito e não deixamos nenhum resíduo no planeta. As sobras de papel vieram para minha casa, onde triturei para usar como cobertura de solo.

Se eu fiquei triste pela derrota? Um pouco. Sei que conquistar uma cadeira no Poder Legislativo é importante para impulsionar causas. E eu não consigo pensar em nada mais prioritário do que erradicar a fome e curar ecossistemas. Acredito que chegará o dia em que esses assuntos serão prioritários para os eleitores.

Velha camponesa

Não sobrou tempo para remoer decepções. Assim que as urnas foram apuradas veio o período das chuvas, a época mais trabalhosa na manutenção da Horta das Corujas. Calor e umidade ativam o crescimento das plantas, sobretudo as invasoras. Sem cuidado, canteiros desaparecem debaixo do capim em poucos dias, transformando a horta em um matagal. Para complicar, o verão é a época das férias, então praticamente todo mundo desaparece dos mutirões. Os planos de reformar canteiros estava definido, só faltou combinar com as forças do Universo. No começo de 2023 escorreguei quando tentava deslocar um vaso enorme na minha horta doméstica e quebrei o braço esquerdo (sou canhota). Foram três semanas com gesso. Só faltei em dois mutirões e rapidinho descobri jeitos de manejar plantas usando só o braço direito.

Nessa fase da fratura, um dia resolvi trabalhar com meu kit impermeável enquanto a chuva caía e o gesso começou a derreter. Voltei depressa para casa e consegui salvar usando o secador de cabelos. Logo evoluí para a tala ortopédica, e o problema estava resolvido. Encomendei duas: a limpa e a "de usar na lama". Tenho certeza que arrancar mato ajudou na rápida recuperação.

O osso quebrado foi um aviso da passagem do tempo. Coincidiu com o diagnóstico de um princípio de osteoporose e a percepção de que já estou bem mais perto dos 60 do que dos 50 anos. Tenho boa saúde, mas a opção por ser natureba vai ficando para trás. Agora preciso incluir musculação na rotina de exercícios, além de tomar remédios, vitaminas e suplementos proteicos para retardar a perda óssea e de massa muscular. E também para dar conta do agrofitness.

Nesse período pós-fratura foi combinado com o pessoal da Horta das Corujas que reduziríamos o número e o tamanho dos canteiros para darmos conta do trabalho. Os mutirões semanais continuam às terças das 9h30 às 11h30, horário oficial, ocasiões em que Mity e eu somos as mais assíduas. Ela, matutina, em geral chega antes. Eu, vespertina, em geral vou embora depois.

A preocupação com o futuro da horta em caso de impedimento físico (meu ou das poucas gatas pingadas de quem ela depende) foi uma das razões para escrever este livro. Dei-me conta também de que sou a única pessoa que continua lá desde antes do início, o que me torna a guardiã das memórias de todo esse processo lindo e complexo de manter uma horta em praça pública só com a força da comunidade. Ainda pretendo viver muitos e muitos anos, mas durmo mais tranquila sabendo que esse relato já está registrado.

Quando o livro estava prestes a entrar na gráfica, começou uma nova era com sabor doce e amargo ao mesmo tempo. O Sampa + Rural designou uma pessoa contratada pelo Programa Operação Trabalho (POT) para trabalhar na Horta das Corujas seis horas por dia de segunda a sexta. Débora Caldeira Murta, permacultora e agroflorestaria experiente, agora está lá com mais frequência que qualquer voluntária. Por um lado, a novidade representa alívio, pois agora posso dormir sossegada sem ficar imaginando o mato a devorar os canteiros. Por outro, está decretado o fim da era em que o voluntariado deu conta sozinho, mesmo que aos trancos e barrancos, das hortas comunitárias. O tempo fez o engajamento se reduzir em vez de aumentar e todas as hortas que conheço só não desapareceram por causa da persistência de uma ou duas pessoas. Se as equipes contratadas pela prefeitura vão perdurar, não sabemos. Daqui a um ano já vai dar para escrever outros livros narrando a nova fase da agricultura urbana paulistana.

Meus planos de velhice incluem com certeza a amada Horta das Corujas. Além de frequentar os mutirões semanais, dedico meus domingos a longos 'mutireus' de labuta silenciosa, interrompida apenas pelas perguntas dos visitantes. Ao todo, pelo menos 10 horas semanais de trabalho na horta e mais um tempo em casa para preparar as mudas com as quais abasteço canteiros. Uma das perguntas mais comuns dos visitantes é: "Você vem aqui todo dia?". Costumo responder que ainda não, mas esse é meu plano para a velhice. Saberei que me tornei uma velha quando der uma passadinha por lá diariamente. Amo movimentar o corpo e não faço questão de longevidade a qualquer preço. Quando não conseguir mais caminhar com firmeza, praticar exercícios, nadar e cuidar das plantas, quero me preparar para partir.

Em 31 de março de 2023, enquanto eu escrevia este livro, Sergio Shigeeda, fundador da Horta da Saúde, faleceu. Foi o primeiro "arrimo de horta comunitária" da nossa turma a ir embora. Daqui a algumas décadas não sobrará nenhum de nós que fizemos parte do início desse movimento de trazer para o solo e para o imaginário paulistanos esses oásis verdes e de liberdade onde se cultiva a terra por amor, sem pensar em comércio. Estávamos lá, hortelões e plantadores de árvores vindos de várias partes da cidade, para dizer adeus ao amigo, que foi cremado de terno, mas com a camiseta da Horta da Saúde sobre o peito. Conversas de velório sempre misturam a tristeza com a alegria de lembrar momentos bons e engraçados ao lado da pessoa. Como é bom celebrar um legado que tem a ver com árvores, abelhas, borboletas e canteiros de hortaliças. Thais Mauad comentou: "Tomara que na nossa vez já exista compostagem humana". Meu desejo também é ser compostada. Essa opção já existe em diversos estados norte-americanos e deve se espalhar pelo mundo. Mais uma causa que estou abraçando agora. Quero ser compostada. Quero virar solo e adubo para as plantas do meu quintal e/ou da Horta das Corujas. A decisão do local deixo para meus filhos Alex e Julieta. Será meu último ato ativista.

CAPÍTULO 11
Futuro

Sucessão

Se eu morrer amanhã, uma das alegrias que levarei na alma é a experiência de participar da construção de um oásis improvável em plena São Paulo. Mas, se isso acontecer logo (ou se a vida mudar radicalmente), a manutenção da horta vai ficar muito mais pesada para os quase inexistentes arrimos. Pensando na inevitável futura ausência dos atuais cuidadores, começo aqui e prossigo nos próximos capítulos a preparação para passar adiante a responsabilidade de ser uma das lideranças da Horta das Corujas. Montei uma espécie de testamento que não distribui bens, mas trabalho. Quem serão os nossos sucessores?

Quando começamos, em 2012, horta virou moda e atraiu uma juventude sedenta por natureza e formas mais fraternas de existir. Para vários desses jovens que frequentaram por um tempo os mutirões, a experiência do plantio na cidade se tornou trampolim para a vida no campo. Nas roças comunitárias em praças e outros espaços públicos, porém, com o passar dos anos foram permanecendo sobretudo as pessoas de meia-idade como eu. Mesmo os que eram recém-formados na época da inauguração da Horta das Corujas hoje em dia se aproximam de virar quarentões. Até nos plantios urbanos comerciais há esse predomínio de mulheres acima dos 50 anos.

Perdi a conta das pessoas que me procuram dizendo que pretendem criar uma nova horta com a expectativa de atrair muita gente que se dedicará com afinco à labuta. Nessas ocasiões, respondo: "Voluntários para horta comunitária não existem, nós somos a exceção que confirma a regra. Quem teve a ideia precisa estar pronto para assumir a maior parte do serviço e a melhor forma de atrair companheiros é dar o exemplo". Talvez um certo exagero, mas não fica muito distante da realidade. As conversas na União de Hortas Comunitárias de São Paulo sempre giram em torno da falta de gente assídua para manter as plantações vivas. E talvez nem existam tantas hortas comunitárias. O que há são hortas unitárias (com apenas uma pessoa cuidando), dunitárias ou trinitárias, não passa muito disso. Voluntários eventuais, passantes e turistas são sempre bem-vindos. No entanto, quem sustenta o espaço são os arrimos, que vivem em falta.

Não quero semear culpa, pois poucos têm a possibilidade de abraçar a agricultura comunitária. Só que acho pouco apenas uns cinquenta cidadãos pegando na enxada voluntariamente numa cidade de 12 milhões de habitantes como São Paulo. O lado bom é que um indivíduo a mais que se incorpore já ampliará bastante o coletivo. Algumas dezenas de pessoas que aderissem seriam suficientes para potencializar o movimento, tornando as hortas que existem mais bonitas e produtivas e fazendo novas brotarem por aí.

Não escondo que dá bastante trabalho, mas existem recompensas saborosas. Agradeço demais a grande colheita de afetos obtida por meio das iniciativas cidadãs, sobretudo o plantio em espaço público. Quando resolvi participar da OPS Vera Cruz, tinha 38 anos. Quando comecei a plantar, 42. A horta foi inaugurada nos meus 46 e virei codeputada aos 52. Nessa fase da vida já não é tão fácil fazer novos amigos, mas, para mim, foi o contrário. Mais de 200 pessoas citadas neste livro entraram na minha vida por causa do engajamento materno, agricultura urbana, permacultura e até crise hídrica.

Tutoria

Inaugurar uma horta pode ser fácil. Bastam algumas pessoas (ou até mesmo uma pessoa sozinha), composto, comprar mudas e colocá-las na terra. Um mutirão de algumas horas dá conta. Mas isso é só o primeiro passo. Diferente de uma construção, que reivindica muito investimento para se erguer mas demanda manutenção apenas esporádica, o trabalho em horta consiste 99,99% em cuidado.

Agricultura é uma vivência cotidiana, assim como escovar os dentes, ter uma alimentação saudável, exercitar-se, tocar um instrumento musical e meditar. Fazer isso apenas uma vez na vida não passa de experiência efêmera. A capacidade de persistir transforma voluntários em guardiões do espaço, processo ao mesmo tempo simples e bastante complexo. Se você for hoje a um mutirão em qualquer horta e aparecer de novo na semana que vem, já terá ultrapassado o primeiro umbral. Se sustentar a frequência por dois ou três meses, virou arrimo. Se persistir por dois anos, dificilmente conseguirá ir embora, pois nos tornamos parte do ecossistema. Típico plano fácil de falar e extremamente custoso para colocar em prática, pois uma plantação é um organismo vivo que precisa de atenção contínua. Assim como a dinâmica de uma família inteira muda com a chegada de uma criança ou até mesmo de um animal de estimação, a horta vai revolucionar sua agenda, já que pelo menos algumas horas semanais serão dedicadas a ela por período indeterminado, talvez para sempre.

Fazemos o que os canteiros estão pedindo. E adquirimos a capacidade de discernir quais são essas necessidades pela contemplação dia após dia, semana após semana, mês após mês, ano após ano. Assim como ninguém aprende a jogar futebol decorando as regras, na agricultura o aprendizado é prático e compõe-se de um conjunto de tarefas singelas repetidas milhares de vezes: tirar pela raiz o mato dos caminhos, manter as bordas dos canteiros livres das plantas que querem infiltrar, acrescentar composto, cobrir o solo, regar, produzir mudas, cortar as plantas secas.

Pedimos paciência para quem se aproxima. Nas primeiras participações não há muito o que fazer e a dinâmica parece confusa. Impossível um novato, principalmente se falta experiência, ajudar muito. Uma horta doméstica é como uma cozinha caseira, onde uma pessoa sozinha pode dar conta do serviço com grande liberdade para agir do jeito que quiser. Uma horta comunitária é como um restaurante. Para fazer um bom trabalho é preciso ter experiência com fogões, saber onde estão as panelas, conhecer as receitas, entender como atuam os outros cozinheiros e fazer combinados coletivos. Em geral, depois que engrena, a partir da quarta ou quinta participação, o novo integrante começa a contribuir bastante. Às vezes grupos de empresas ou outras instituições querem realizar o Dia do Voluntário na Horta das Corujas arregimentando grupos numerosos para uma única visita. Intenção ótima, mas não viável para nossa realidade, pois demandaria uma equipe imensa de organizadores e orientadores familiarizados com o local, o que não existe.

A diferença entre os arrimos de horta e os voluntários eventuais é que os primeiros (em geral, as primeiras) fazem os trabalhos mais pesados e as tarefas sem as quais a horta morre. Isso significa sobretudo conservar os canteiros sempre produtivos abastecendo-os de mudas, nutrindo e protegendo o solo, refazendo sua estrutura periodicamente. Também é preciso controlar as espécies invasoras, atividade que implica saber identificar cada planta. Existem tarefas plenamente acessíveis para iniciantes, como retirar mato dos caminhos, sobretudo no verão. Se os canteiros sumirem debaixo do capim, as roçadeiras da equipe de manutenção de áreas verdes da prefeitura passam por cima de tudo. Essas poucas linhas resumem tudo o que é necessário para manter a horta viva, mas são intervenções que leigos nem sequer notam a existência. Parece-lhes normal encontrar um canteiro fofinho para colocar algumas sementes e em seguida partir imaginando que fizeram tudo o que é necessário para a planta atingir o ponto de colheita.

Até hoje acho difícil conduzir o trabalho alheio na Horta das Corujas, pois tenho a impressão de que ela inspira ações diferentes em cada um. Nos primórdios, quando éramos todos inexperientes, havia um clima meio caótico de experimentação. Com o tempo, algumas pessoas se aprofundaram nas intervenções, adquiriram conhecimentos e passaram a ser vistas como orientadoras das demais. A demanda por tutoria cresceu.

Mea culpa

Aí é que eu me atrapalho. As sugestões que tenho para dar não parecem muito simpáticas, pois recomendo começar aos poucos, observar tudo e todos, fazer pequenas modificações e avaliar o resultado, deixando as plantas se tornarem seus mestres. Paisagismo comestível, para mim, é uma forma de arte. Cada um tem seu estilo e vale a pena desenvolvê-lo. Não é incomum alguém desmontar o que outro realizou e surgirem leves desconfortos devido a diferentes expectativas e encaminhamentos. Digo isso para salientar que os jardins agroecológicos podem se materializar de muitas formas e não existem certos e errados absolutos.

Lembro que, logo depois da inauguração, perdemos um voluntário por inépcia da minha parte. A pessoa se irritou com algo que nunca soube do que se tratava e veio me perguntar se eu era a chefe da horta. Respondi "Aqui não tem chefe" e ouvi "Então vou embora porque isso é uma bagunça!". Sim, faltou escuta, sentar para conversar, ouvir o que incomodava, buscar o outro lado, propor um acordo, usar todo o arsenal da Comunicação Não Violenta.

Assumo o *mea culpa*, mas não consigo ser diferente. Venho de uma linhagem de camponeses calados, legado que se manifesta quando pego na enxada. Poderia me justificar dizendo que devo focar no trabalho e priorizar a eficiência porque falta tempo e mais braços para tudo o que precisa ser feito na Horta das Corujas. Isso é 100% verdade. E também um bom pretexto para ficar na minha. Prefiro não conversar para aquietar a mente, ouvir o silêncio e viver o aqui-agora com intensidade enquanto cuido das plantas. Quando alguém diz que gostaria de me visitar na horta para bater papo, explico que adoro uma prosa longa e afetuosa... em qualquer outro local. Outro dia, Felipe Chammas, amigo que conheci nas Corujas, comentou: "Ainda bem que te encontrei na época em que você ainda conversava". Caímos na gargalhada.

A escassez de palavras também resulta da avaliação custo/benefício do papel de tutora. No princípio eu atendia muito empolgada qualquer pessoa que dissesse "Que linda essa horta, virei aqui trabalhar toda semana". Contava tudo, oferecia verdadeiras aulas particulares instantâneas, estava sempre muito disponível. Isso aconteceu centenas de vezes, e o futuro voluntário não retornava. Dos poucos que vieram, nenhum permanece. Desanimei e resolvi economizar energia. Continuam a chegar pessoas afirmando que, a partir daquele momento, se dedicarão intensamente à horta. Abro um sorriso, dou as boas-vindas, aviso quando será o próximo mutirão e, na maior parte das vezes, nunca mais nos encontramos. Felizmente, há voluntários que são craques na hospitalidade, como é o caso da xará Claudia Sangiorgi. Em mutirões, aliás, o trabalho vai render melhor se houver alguém priorizando as explicações e acolhimentos.

Esperança

A história que contei até agora tem muito de utopia. Mesmo com todos os problemas relatados, o fato de há mais de uma década existir em plena São Paulo um local aberto onde se cultivam alimentos coletivamente, água limpa brota da terra e a colheita é livre representa uma grande conquista.

A Horta das Corujas se tornou protótipo de outro destino possível para os espaços comuns. Assistir como a regeneração da natureza vem forte em apenas alguns anos traz muita esperança, mas não tem milagre. Replicar esse tipo de experiência só na base da paciência de monge de alguns abnegados está se mostrando raro. E limitado, pois há equipamentos, como banheiros e estruturas de acessibilidade para PCD (pessoas com deficiência), que precisam existir e os voluntários não dão conta. Trago esses dois exemplos para destacar que, sozinhos, os coletivos de cidadãos não conseguirão realizar tudo, tanto em quantidade como na qualidade das intervenções verdes em áreas públicas.

Esse assunto precisa urgentemente entrar nas demandas da sociedade para os governantes. As cidades ficarão muito melhores nos mais diversos aspectos caso existam Oásis Urbanos, que, em um deserto natural, são pequenas regiões férteis e agradáveis graças à presença de água. Infelizmente, nossa civilização arrancou florestas para construir ambientes inóspitos feitos de asfalto e cimento, onde milhões de seres humanos se empilham e a natureza quase foi extinta. As cidades se tornaram ilhas de calor, poluição, violência e estresse, em que faltam árvores, rios saudáveis, biodiversidade e locais para simplesmente usufruir.

O dicionário Houaiss traz como significado metafórico da palavra oásis "coisa, local ou situação que, em um meio hostil ou numa sequência de situações desagradáveis, proporciona prazer". E eu acrescento "saúde", em diversos sentidos. Lugares como a Horta das Corujas são minas inesgotáveis de bem-estar, Oásis Urbanos sem dúvida. Podem ser considerados pontos de inflexão que representam mudança de rumos para a sociedade, incluindo a cura da naturofobia e a reconciliação da nossa espécie com as outras formas de vida. Oferecem muito mais do que uma área verde bem cuidada. Esses pequenos paraísos reúnem atributos paisagísticos, possibilidade de sossego, criatividade nas ações, liberdade responsável, convívio comunitário, cultura, atividades recreativas e uma ampla gama de serviços ambientais. A parceria entre as pessoas, o governo e as empresas pode ser um caminho virtuoso para driblar as restrições orçamentárias e produzir não só espaços maravilhosos como também sociedades melhores, contribuindo inclusive com a formação de novas lideranças políticas. O serviço comunitário é uma verdadeira escola que ilumina o caminho para quem quer se colocar a serviço do bem comum.

Não há fórmula para fazer brotar os Oásis Urbanos no meio dos desertos de concreto armado em que se tornaram as cidades. A Horta das Corujas é apenas um dos muitos locais que já manifestam uma outra realidade possível, o tal "sonho feliz de cidade". Se os governos confiarem nos cidadãos dispostos a se empenhar, abrirem a escuta e se dispuserem a ser parceiros em projetos de intervenção no espaço público na base da pequena escala e enorme qualidade, o urbanismo do afeto e da natureza vai vencer. E, como pedrinhas atiradas na superfície de um lago, gerar reverberações que irão muito longe.

Um dia São Paulo pode abrigar uma horta em cada esquina e muitas agroflorestas em cada bairro. As construções e as plantas vão se enroscar, derrubando os limites entre zona urbana e rural. Todas as cidades podem ser assim, em todos os continentes, transformando novamente o planeta inteiro no Jardim do Éden. Algumas das sementes desse mundo de paz e abundância para todos os seres vivos são os Oásis Urbanos. E os jardineiros somos nós.

PARTE 2
Como e por quê plantar comida na cidade

Nos próximos capítulos, um monte de dicas

PART 2

Como e por quê plantar comida na cidade

Nos próximos capítulos, um monte de dicas.

CAPÍTULO 12
20 motivos

O tempo da escassez está chegando depressa. Em abril de 2022 a Organização das Nações Unidas (ONU) anunciou que os preços globais de alimentos atingiram o maior nível em 61 anos. De acordo com o Fundo Monetário Internacional (FMI) foram os valores mais altos em 100 anos. Isso se deveu a uma combinação de razões que inclui guerras, a pandemia da Covid-19 e o aumento da população mundial. Mas, de todas as causas, a mais permanente acredito que seja a mudança climática. Diariamente vemos manchetes sobre ondas de calor, de frio, enchentes, secas e avanço do mar. Todos esses cinco fatores levam a perdas agrícolas.

Uma horta urbana doméstica, comunitária ou para comercialização contribui para o aumento da produção de alimentos no mundo e também para resolver diversos outros problemas. Quando virei agricultora só estava pensando em gerar comida. Aos poucos, fui descobrindo todas essas outras vantagens.

1- Menos pressão sobre os recursos naturais

Cada hortaliça produzida no quintal ou na horta da esquina libera espaço no campo e dispensa transporte e embalagem. Até o método de colheita muda: você só retira da planta as folhas que vai consumir naquele momento e ela continua produzindo por mais alguns meses. De acordo com a ONU, as cidades ocupam 2% da superfície terrestre, mas consomem 75% de seus recursos.

2 – Combate às ilhas de calor

Áreas pavimentadas irradiam 50% a mais de calor do que superfícies com vegetação. Em São Paulo, a geógrafa Magda Lombardo, em um estudo que pode ser acessado em: https://www.revistas.usp.br/geousp/article/view/97783/112921, constatou que a temperatura pode variar mais de oito graus entre um bairro e outro.

3 – Permeabilização do solo

Enchentes e enxurradas violentas são em parte resultado do excesso de pavimentação na cidade. Simples jardins de grama, onde o solo fica compactado, não absorvem tanta água quanto hortas e agroflorestas. Com as mudanças climáticas, as estiagens estão se tornando cada vez mais longas, e as chuvas, mais concentradas. Para evitar desastres é preciso que as cidades se transformem em esponjas, e a expansão das áreas de agricultura urbana pode contribuir muito na adaptação ao novo padrão climático.

4 – Umidificação do ar

As plantas contribuem para reter água no solo e manter a umidade atmosférica em dias sem chuva.

5 – Refúgio de biodiversidade

Nos quintais e hortas comunitárias cultivamos espécies comestíveis que se tornaram raras, plantamos variedades crioulas (plantas que têm maior diversidade genética e por isso são mais resistentes às condições climáticas adversas) e atraímos uma rica microfauna, especialmente polinizadores, incluindo abelhas nativas de diversas espécies que estão em risco de extinção.

Aponte seu dispositivo para acessar
https://www.revistas.usp.br/geousp/article/view/97783/112921

6 – Redução da produção de lixo

Os alimentos produzidos localmente não só dispensam embalagens (que correspondem à maior parte do lixo seco produzido) como absorvem grande quantidade de resíduos orgânicos transformados em adubo pela compostagem. Restos de madeira são usados na delimitação de canteiros e produção de solo.

7 – Segurança alimentar

https://www.nexojornal.com.br/externo/2021/12/24/A-vez-da-agricultura-urbana

O Departamento de Agricultura dos Estados Unidos estimou que as áreas urbanas produziam, em 2018, 15% dos alimentos do mundo. Esse número poderia facilmente duplicar ou triplicar caso o paisagismo comestível fosse mais praticado. Já existem muitas áreas verdes nas cidades que facilmente poderiam se transformar em produtoras de alimentos.

8 – Conservação de espaços públicos

Uma horta comunitária é um local muito frequentado e que se torna querido da comunidade do entorno. Seus guardiões se encarregam de mantê-lo limpo e agradável.

9 – Redução da criminalidade

Uma horta necessita de cuidados diários e atrai visitantes em busca de qualidade de vida. A alta frequência e a ocupação saudável contribuem para afastar condutas ilícitas.

Aponte seu dispositivo para acessar
https://www.nexojornal.com.br/externo/2021/12/24/A-vez-da-agricultura-urbana

10 – Vida local

Um dos problemas das grandes cidades é o excesso de deslocamentos numa malha viária sobrecarregada. A agricultura – seja ela praticada como forma de lazer, trabalho comunitário ou profissão – fixa as pessoas no território diminuindo a demanda por transporte.

11 – Contenção da mancha urbana

Se há incentivo para a produção agrícola nas franjas das cidades e a atividade se combina com turismo rural, diminui a pressão para desmatar e lotear.

12 – Geração de trabalho e renda

A implantação de hortas urbanas comerciais demanda pouco investimento do poder público, e, em prazos relativamente curtos, gera autonomia financeira para comunidades vulneráveis.

13 – Combate à solidão

As hortas aproximam pessoas de todas as idades, origens e estilos de vida. Não falta assunto quando há tanta coisa a admirar, tanta tarefa a compartilhar, tanta dica e receita a trocar.

14 – Lazer gratuito

Em casa ou na horta comunitária, não é preciso dinheiro para se divertir.

15 – Mais saúde

https://www.youtube.com/watch?v=nukyOIh1XGk

Agricultura é exercício, e cada pessoa regula a intensidade. Mexer com a terra previne e ajuda a curar diversos problemas de saúde,

Aponte seu dispositivo para acessar
https://www.youtube.com/watch?v=nukyOIh1XGk

sobretudo mentais. As colheitas contribuem para melhorar a alimentação e a atividade ao ar livre também cria oportunidades para tomar sol. Recomendo o documentário *Saindo da caixinha*, elaborado por um grupo de pesquisadores da Faculdade de Saúde Pública da USP.

16 – Educação ambiental na prática

Ver de perto o desenvolvimento das plantas, da germinação à decomposição, ensina sobre os ciclos da natureza de uma forma cativante. As hortas oferecem oportunidade para aprender botânica, conhecer o ciclo da água, dos nutrientes e a microfauna, entre muitos outros temas.

17 – Educação nutricional

O contato com vegetais vivos proporcionado pelas hortas predispõe ao consumo de alimentos frescos, naturais e saudáveis.

18 – Integração agricultor/consumidor

Quem planta comida, mesmo que seja em alguns vasos no quintal, se torna curioso a respeito da origem dos alimentos que consome. Os hortelões urbanos em geral gostam de visitar e apoiar os produtores, buscam alimentos cultivados de forma mais justa e sem o uso agrotóxicos.

19 – Valorizar saberes tradicionais

Os agricultores urbanos são guardiões da sabedoria milenar de cultivar alimentos para subsistência.

20 – Reconstruir pontes entre as pessoas

Em tempos de opiniões polarizadas e conflitos ideológicos, a agricultura urbana nos faz lembrar que todos nos alimentamos e estamos igualmente ligados à terra.

CAPÍTULO 13
Como iniciar uma horta

Passo 1 – Sonhar

A primeira etapa para fazer uma horta é a "fase do sonho". Vale a pena dar tempo ao tempo. Deixe a sementinha da vontade de ter uma horta, seja em casa ou na praça, criar raízes dentro de você. Passeie pelo bairro, pela varanda ou pelo jardim observando o espaço disponível, a incidência de sol e de vento. Converse com os amigos e possíveis parceiros, pesquise sobre o assunto, visite quem já possui uma horta e as hortas comunitárias. Comece logo a fazer compostagem: assim você já vai preparando o adubo enquanto planeja sua lavoura.

Passo 2 – Onde plantar?

HORTA DOMÉSTICA – Em qualquer canto onde bata sol direto pelo menos 4 horas por dia e, de preferência, não vente muito. Para começar, quanto menor a horta, melhor. Um metro quadrado ou quatro vasos está muito bom. Quando pegar o jeito, você vai expandindo aos poucos. Grandes áreas são mais trabalhosas e você vai precisar aprender a encaixar as atividades de agricultor na rotina diária. Se não tiver acesso ao solo, faça canteiros elevados ou plante em vasos. Um bom tamanho é a partir de 30 centímetros de diâmetro. Os menorzinhos são úteis só para fazer mudas ou cultivar espécies pequenas, como cebolinha, salsinha e tomilho. As plantas gostam mais de vasos de cerâmica, que não aquecem com o sol.

HORTA COMUNITÁRIA – Pode ser no jardim do condomínio, na escola, na empresa, na igreja ou na praça. Certifique-se de que o solo não está contaminado. Converse com os vizinhos porque é fundamental a comunidade apoiar a horta, mesmo que não coloque a mão na massa. Entrar em contato com a prefeitura, no caso das hortas em áreas públicas, pode complicar ou facilitar o processo. Descubra se na sua cidade já existe horta comunitária nessas condições e converse com os cuidadores para saber se vale a pena fazer contato previamente com o poder público.

Passo 3 – Como evitar contaminação

POLUIÇÃO ATMOSFÉRICA – Fique alerta em regiões industriais e locais próximos a grandes avenidas e aeroportos. Se não for possível encontrar um local com ar mais puro, coloque sempre barreira verde (árvores ou arbustos altos) em volta da área da horta. Muros e construções entre a fonte de poluição e suas plantas também ajudam. Prefira consumir as folhas e frutos jovens, que ficaram menos tempo expostos. Mas não adianta se preocupar demais com isso porque suas plantas estão absorvendo o mesmo ar que você. O problema não é a horta: é o excesso de veículos e outros causadores de poluição. Melhor comer seus vegetais cultivados na cidade do que não comer vegetais. E não há garantia de que os alimentos vendidos em supermercados e feiras estejam livres da poluição atmosférica (há muito cultivo ao lado de rodovias cheias de caminhões, por exemplo).

CONTAMINAÇÃO DO SOLO – Pesquise no site da companhia de saneamento da sua região se o local está na lista das áreas contaminadas. No Estado de São Paulo é a Cetesb. Verifique se não há postos de gasolina num raio de 500 metros. Investigue se no terreno já houve indústria, posto de gasolina, depósito de lixo, oficina mecânica. Verifique se há infiltração de esgoto no terreno. Se deu positivo em algum dos itens anteriores, provavelmente o solo está contaminado. Se nada disso faz parte da história do terreno, provavelmente está OK para plantar (certeza só fazendo análise em laboratório). Se houver dúvida, não plante com a terra do local. Faça canteiro elevado e bem isolado (com alvenaria) do solo. Ou plante em vasos.

CONTAMINAÇÃO DA ÁGUA – Só regue com água cuja procedência você conhece e confia. Se for água do abastecimento público está OK. Se for água coletada da chuva, que a cisterna tenha filtro e seja feita com todas as precauções necessárias, inclusive contra criadouro de *Aedes*. Se no local tem nascente ou poço, cheque todos os itens da contaminação do solo. Se falhar em algum aspecto, não use a água de jeito nenhum. Se aparentemente está tudo OK, faça análise química e de coliformes antes de usar na rega.

Passo 4 – Preparação do plantio

NO SOLO – Planeje o desenho do seu canteiro, que pode ser retangular, em formato de fechadura, em espiral ou ter formas irregulares. Se for plantar no chão, delimite o local e vá cavando e quebrando a terra para retirar raízes, grama, pedrinhas. O ideal é aprofundar o buraco uns 40 centímetros. Depois de cavar, se possível peneire a terra retirada. Isole o canteiro do restante do terreno para evitar a volta da grama ou capim (tábuas velhas, telhas ou restos de entulho podem servir para isso). Misture à terra peneirada composto orgânico, esterco e/ou húmus de minhoca. Pó de osso também é muito bom (fonte de fósforo), assim como cinzas (potássio). Faça o monte de terra chegar a uns 20 centímetros de altura. Depois de montado o canteiro, nunca mais pise dentro dele. Por isso a largura máxima deve ser 1,20 metro. Se for possível acessá-lo apenas por um dos lados, reduza para uma medida que você alcance confortavelmente. Cubra o solo com uma camada de mais de 10 centímetros de espessura de material seco (palha, folhas ou podas de grama). Para colocar as mudas, basta abrir a terra com as mãos, inseri-las e pressionar levemente para fixar. Essa orientação serve para áreas pequenas e para solos degradados. Se você tem um sítio inteiro para plantar, não é possível revolver e substituir a terra. Aí o caminho é a recuperação de solos degradados, o que é uma outra história e leva alguns anos. E se você vai plantar num local onde a terra já está superfértil, soltinha, cheia de nutrientes e de vida, está fácil (mas em geral isso não acontece).

COMO MONTAR UM VASO

Camada 1 – Coloque no fundo 2 centímetros de argila expandida, pedrinhas ou cacos de telha. Em vasos grandes essa camada pode chegar a 10 centímetros. Preste atenção para não vedar os furos, pois um bom escoamento de água é fundamental. Todo recipiente usado para o plantio precisa ter furos no fundo, se não a água fica parada e as raízes apodrecem. Para economizar espaço, eu dispenso essa camada nos vasos pequenos e vou direto para a próxima: o tecido.

Camada 2 – Em cima dos cacos, tecido de algodão (trapos). Evite a manta drenante vendida em lojas de jardinagem, que é feita de plástico reciclado e com o tempo pode entupir. Já o algodão é muito melhor para essa função porque se decompõe e vira alimento para a planta. Uso minhas roupas até quase rasgarem e aí elas viram tecido de forração de vasos.

Camada 3 – Complete o vaso com terra adubada e insira sua muda. Deixe a borda superior livre para a cobertura de solo. Nos vasos maiores coloque uma camada de cerca de 5 centímetros de palha, serragem ou folhas bem secas. Nos vasos pequenos uns 2 centímetros bastam.

Passo 5 – Como preparar a terra e adubar

Esse é o segredo e a parte mais difícil do plantio. Descobrir os segredos da regeneração e adubação do solo para o bom rendimento das plantas demora a vida inteira. Não existe uma só receita. Mais ou menos como tempero de feijão, cada um faz de um jeito, mas dá para perceber quando está certo e quando deu errado. Para complicar, cada planta é de um jeito e as necessidades nutricionais variam bem. Vou compartilhar algumas dicas básicas e seguimos em frente aprendendo juntos.

1 – O primeiro passo para aumentar a fertilidade do solo é incorporar matéria orgânica. Se a terra do seu quintal está dura e sem vida, comece jogando um monte de palha em cima (camada de 30 centímetros mais ou menos) e deixe lá um tempo. Isso já é meio caminho andado. Se aparecer minhoca, comemore. Se aparecer formiga, agradeça (as formigas são espécies colonizadoras, que ajudam a recuperar solos degradados).

2 – Se você vai plantar em vasos, a receitinha básica é: 40% de terra (qualquer terra não contaminada), 30 % de areia, 30% de composto orgânico.

3 – Os macronutrientes das plantas são nitrogênio (N), fósforo (P) e potássio (K). N você encontra nos estercos, húmus de minhoca, borra de café (mas como a borra acidifica, melhor compostar antes). O P é abundante na farinha de osso que as lojas de jardinagem vendem. E o K aparece bastante nas cinzas de madeira. Mas não pode vir misturado com sal e gordura de churrasco. Então, se tem uma pizzaria perto da sua casa, peça para doarem para você. Sobre as quantidades, não sei dar uma fórmula, mas é decrescente. Mais N do que P, mais P do que K.

4 – Não use adubação química. Se você vai cultivar de forma orgânica, fique longe dos produtos das lojas de jardinagem que são batizados por sequências de letras e números. Fique com os insumos que têm nomes de coisas da natureza: esterco, húmus, farinha de osso, casca de ovo, borra de café, cinzas. E, principalmente, faça compostagem em casa. O adubo químico solúvel é o fast-food da planta. Faz crescer e engordar, mas deixa suscetível a doenças.

5 – Observe as plantas que nascem espontaneamente. Elas são indicadoras das condições e necessidades do solo. Pesquise "plantas indicadoras" na internet.

Passo 6 – O que plantar

Isso depende da região onde você vive, do que gosta de comer, da época do ano, do espaço disponível, da intensidade da insolação, do acaso (às vezes você se apaixona por uma planta ou ganha mudas e sementes de amigos). O melhor é usar sementes orgânicas, mas elas são difíceis de encontrar. Por isso, frequentar encontros de trocas é importantíssimo. Se não tiver sementes orgânicas, fique com as normais, que são vendidas em saquinhos em lojas de jardinagem. Só fuja das transgênicas. Ou seja, grãos milho e soja, se não forem comprovadamente orgânicos, não plante! Na embalagem estão informações sobre período e forma de plantio e espaçamento das mudas.

Uma boa opção é começar a horta pelas ervas: manjericão, salsinha, cebolinha, alecrim, orégano, tomilho. Você conseguirá colher todos os dias e ainda assim as plantas continuarão crescendo. Alface & cia são mais trabalhosos e, às vezes, em uma salada você acaba com a safra, o que pode desanimar.

Antes de virar agricultora, a horta dos meus sonhos tinha sobretudo alface, tomate e cenoura. Três espécies das mais difíceis para cultivar, descobri depois. Com o tempo fui aprendendo a cultivar sobretudo o que a terra quer dar, o que nasce e se reproduz sozinho depois de entrar no sistema. Com isso faço menos esforço e obtenho mais abundância. Ao longo da história do Brasil, chegaram aqui técnicas agrícolas de outros biomas e povos que quiseram reproduzir as espécies que iam bem em suas terras de origem. Misturando essas tradições com a tendência de padronização mundial da comida que se iniciou há um século, o resultado é uma agricultura desconectada da riquíssima biodiversidade vegetal brasileira. Nossos hábitos alimentares colonizados se ajustaram às plantas que se tornaram padrão internacional, nenhuma delas nativa da Mata Atlântica ou do nosso país. Sofrem com os verões quentes e úmidos. No dia a dia, percebo que almeirão, taioba, bertalha, caruru, ora-pro-nobis, shissô, mitsubá, espinafre amazônico, inhame, capuchinha e outras PANCs não sofrem com mofo, infestações, doenças, nada disso.

Às vezes dá a impressão de que certas plantas escolhem a gente e aparecem em profusão, sem serem chamadas. Aproveite a fartura e partilhe os excedentes com amigos e vizinhos. Outras espécies a gente semeia mil vezes, cerca de cuidados e não vão muito bem. Tem a ver com as particularidades climáticas, do solo e outros mistérios.

Passo 7 – Mudas e sementes

Tecnicamente é possível fazer uma horta em casa ou comunitária comprando sempre as mudas e o adubo prontos em lojas de jardinagem. Só que essa não é a experiência completa. Agricultura de verdade é reconexão com o ciclo da vida em todas as suas formas e fases, da germinação à decomposição. Também é busca da autonomia, das relações horizontais, de refazer as redes de trocas de sementes e conhecimentos. Na escala doméstica é contrapor-se a um sistema que quer transformar absolutamente tudo em mercadoria e que busca submeter cada pequeno detalhe das vidas de todos nós ao poder do dinheiro.

Germinar as sementes, produzir as mudas e preparar seu próprio composto são partes importantes do processo. Tudo bem comprar adubo pronto de vez em quando ou até as mudinhas que são vendidas no supermercado. Mas vale a pena mergulhar na experiência de aprender a criar vida desde o começo e buscar conexões entre as pessoas e entre as hortas. Você se tornará um guardião da biodiversidade, alguém que vai receber e doar sementes e mudas de espécies que muitas vezes já não existem mais nos supermercados e feiras comuns. Olha só a importância disso!

A sementeira é uma bandeja cheia de casulos, própria para semear. Mas você pode fazer a germinação em copinhos de café, latas ou qualquer outro recipiente pequeno e furado. Misture terra "comum" com composto e passe na peneira para ficar bem fofinho. Aí é só iniciar suas experiências com germinação e trocar ideias com a tribo dos plantadores.

A sementeira é um berçário muito delicado. Precisa ficar abrigada do excesso de sol, de vento e das chuvas fortes. O ideal é construir uma estufinha, mas varandas de apartamento e beirais de janelas bem iluminadas também funcionam bem.

Passo 8 – Cuidar

Ter uma horta é como ter filho pequeno ou animal de estimação. Você se torna responsável por cuidados frequentes e imprescindíveis. Se for viajar, terá que arranjar alguém para cuidar diariamente da sua horta. Seja ela no seu quintal ou um projeto comunitário na praça. Então pense bem nisso antes de embarcar na aventura. Se você é do tipo ultraviajante ou tem uma rotina maluca sem tempo livre, pense em oferecer ajuda a uma horta que já existe. Sobretudo no verão, se você falhar no cuidado das mudas pequenas por apenas um dia, é provável que aconteça uma mortandade que vai desperdiçar semanas do seu trabalho.

Regar demais é tão ruim quanto deixar as plantas secarem. Use o "dedômetro" para aferir a umidade ideal. É assim: você enfia o dedo bem fundo na terra e verifica se está úmida e grudando. Se estiver bem molhado, não precisa regar mais. Se estiver úmido, regue pouco. Se estiver seco, regue bastante.

Melhores horários para regar e manejar as plantas no verão: início da manhã ou final da tarde. Prefira os dias nublados e mais frescos para transplantar. Em épocas de muito frio o melhor período é o início da tarde. Reduza as regas e molhe apenas o solo, sem atingir as folhas.

A terra deve estar sempre fofíssima como um bolo. Se endurecer, é porque deve estar faltando matéria orgânica, cobertura de palha, água ou tudo isso.

Algumas plantas são perenes ou vivem durante várias safras, como é o caso das ervas. Outras têm apenas uma colheita, como o tomate. Misture esses dois tipos para ter uma horta sempre viva.

Enquanto uma safra de folhosas cresce, vá preparando a próxima na sementeira.

Quanto mais biodiversidade, melhor. Troque mudas com amigos hortelões, arranje sementes diferentes e vá trazendo novas espécies.

Na agroecologia não se fala em ervas daninhas e sim em espécies espontâneas. São os matinhos que crescem sem ser semeados. Não precisa exterminar. Se não estiverem se alastrando demais ou atrapalhando o desenvolvimento da planta comestível, deixe lá. Observe o que elas dizem sobre o seu solo.

O biofertilizante (chorume) do minhocário diluído em água é um excelente adubo para borrifar nas folhas.

A cada mês ou quando sentir que a planta está precisando, adube a terra. Mas sem exagero. Dica: quando aparecerem as flores, capriche na adubação para que os frutos venham fortes.

Contemple todas as etapas da vida: nascimento, crescimento, frutificação, morte e decomposição. Cada uma tem seu encanto.

O verão tropical escaldante e sujeito a tempestades é um período complicado para as plantas. Paciência e atenção redobrada nessa época. Se na hora mais quente do dia as plantas murcharem e se contorcerem, respire fundo e aguente. Não é hora de regar. Muitas vezes isso acontece mesmo com a terra bem molhada. Sua planta está tentando se defender da alta temperatura e provavelmente voltará ao normal no fim da tarde. Se a onda de calor dura muitos dias, algumas plantas morrem. O mesmo acontece com as ondas de frio. Vá observando quais são as espécies mais resistentes ao estresse climático. Conhecimento fundamental daqui para frente.

Fique tranquilo: você vai errar. Vai errar muito e vai errar muitas vezes. Por falta de experiência, distração, problemas climáticos ou outras razões. Faz parte do processo. Ter uma horta é uma excelente oportunidade de treinar a resiliência, a humildade, a aceitação de que somos falíveis e nem tudo acontece de acordo com a nossa vontade. E se você acertou de primeira, provavelmente não sabe muito bem por quê. Então nas próximas provavelmente vai errar. Só não existe essa história de "não ter mão" para planta. Assim como a culinária, o plantio exige prática e experiência. É fazendo e refazendo mil vezes o ciclo semear, adubar, cuidar, colher e compostar que a gente vai aprendendo "o ponto" de cada etapa.

Passo 9 - Lidar com "pragas", ou melhor, sócios

Para começar, nenhuma espécie desse planeta pode ser considerada uma praga. Mas desequilíbrios populacionais acontecem. Vamos então chamar o que acontece nas nossas hortas de "proliferações", que podem ser tanto vegetais quanto animais.

Não se surpreenda se, ao plantar sua muda, outras espécies invadam o canteiro. Principalmente se estiver cultivando as hortaliças mais comuns do supermercado que são, como diria o permacultor Peter Webb, mimadas. Em geral trata-se de plantas não nativas do Brasil e, portanto, menos adaptadas ao nosso clima e às características do nosso solo. Aprender a comer taioba, caruru, ora-pro-nobis, bertalha e outras PANCs faz parte do processo de virar um hortelão.

Aquele visual "pelado" da agricultura convencional não faz bem para o solo, que precisa estar sempre coberto. Então deixe vir os matinhos, aprenda quais podem ser degustados e vá protegendo com carinho as suas plantas mais frágeis, o que significa retirar delicadamente quem está querendo sufocá-las. Outra desvantagem do excesso de capina é não deixar alimento para os bichinhos da horta nem esconderijo para os predadores dos bichinhos da horta. Se no canteiro só tiver a sua comida, será o único alimento disponível para os outros seres e aí eles vão atacar mesmo. Agradeça os matinhos que aparecerem, pois eles inclusive contam como está o solo.

Horta saudável é horta cheia de bichos. Dê boas vindas se aparecerem. Abelhas polinizam, joaninhas comem pulgões, lagartas serão borboletas, vespas (carnívoras) ajudam a controlar populações. Aranhas, sapos e morcegos mostram a vitalidade do ecosisteminha. Formigas, em geral injustiçadas, são espécies pioneiras. Proliferam em solos degradados e ajudam a incorporar matéria orgânica. Se tem formiga comendo suas plantas, experimente colocar um monte de palha sobre a terra. Elas vão ficar ali felizes nas áreas menos férteis do solo, trabalhando compenetradas para o bem do território. Aliás, a Horta das Corujas e meu quintal são cheios de formigas, mas elas não precisam atacar a comida dos humanos pois há muita cobertura de solo e vegetação variada e abundante em todos os cantos.

Proliferações de bichinhos acontecem mais nos primeiros tempos da horta, quando há pouca biodiversidade vegetal e animal. Tenha paciência, permita que os matinhos cresçam, plante flores (para atrair predadores) e incorpore muita folha seca na cobertura do solo (que deve ter cerca de 7 centímetros de espessura). Qualquer inseticida é péssimo. Aliás, qualquer produto terminado em "cida" não é para usar, o que inclui fungicida, nematicida etc. Cida – sufixo originado do latim *caedere* – significa matar. E a horta agroecológica precisa ser cheia de vida. Neem também está nessa classificação. Eu não uso.

Às vezes o problema não é nem mato nem bicho. São manchas nas folhas, podridões etc. Pode ser fungo, bactéria, vírus, sei lá. Disso não entendo nada. Se minhas plantas adoecem procuro descobrir o que está errado no manejo para tentar acertar na próxima vez. Se o solo está fértil e equilibrado, a luminosidade, temperatura e quantidade de água estão adequados, em geral as plantas são saudáveis. Ou então aquela espécie não se dá bem com as condições locais.

Passo 10 – Como ajudar numa horta que já existe
O QUE FAZER

– Oferecer insumos: composto, biofertilizante, esterco, mudas, bambus para fazer estacas, sementes, folhas secas, serragem, cinzas, casca de ovos, pó de café, ferramentas, carona para buscar insumos em algum lugar. Mas conte o que pretende doar e veja se aquele item realmente é necessário. Em caso afirmativo, veja se consegue se tornar um fornecedor frequente do item. Plástico e pneus não são bem-vindos.

– Perguntar: do que vocês estão precisando? E tentar oferecer. Tem serviço para todo tipo de talento.

– Serviço braçal. Carregar peso. Capinar. Podar. Serrar galhos. Manejar a composteira.

– Ajudar a regar. Na época da seca e nos dias de calorão, dependendo do tamanho da horta a rega é uma tarefa bem extensa. Seja em casa ou na praça, pergunte ao cuidador mais experiente quando, quanto e de que modo regar. Cada pessoa tem suas manias, cada planta também. Várias não gostam de água nas folhas, tem as mais sedentas e as que preferem o solo mais seco.

– Ser o cuidador da horta no caso de viagem dos que trabalham nela assiduamente.

– Perceba que na primeira vez que você vai ajudar, seja lá em que tarefa for, você estará solicitando diversas explicações e a atenção do cuidador da horta. Se a participação será apenas uma vez na vida e nunca mais, talvez seja melhor apenas ficar observando. A menos que o hortelão insista bastante para você participar.

– Colher. Se o cuidador da horta está oferecendo as plantas, aproveite. Mas pergunte como, quanto e quais plantas podem ser colhidas.

O QUE NÃO FAZER

– Começar a remodelar canteiros e arrancar "mato" sem antes conversar com quem cuida da horta no dia a dia. Existem muitas histórias de canteiros de PANC que foram dizimados porque alguém chegou e resolveu "limpar".

– Encontrar uma pessoa dando duro na horta e, sem oferecer ajuda, reclamar que os canteiros estão feios, mal cuidados, que tal e tal tarefa deveria ser feita de outra forma. Em geral, sempre faltam braços e sobram palpites nas hortas.

– Encontrar uma pessoa dando duro na horta, não oferecer ajuda e dar explicações sem fim sobre os motivos pelos quais você não participa, contando detalhadamente seus projetos profissionais, problemas pessoais, de saúde e familiares.

– Oferecer seu quintal, outra praça ou seu sítio para o pessoal da horta ir lá plantar, sendo que você não tem intenção de participar.

Em geral, o que falta para a expansão da agricultura urbana é mão de obra. Oferecimentos de novos locais para implantação de hortas são bastante frequentes, mas as que já existem têm déficit de voluntários.

– Antes de sugerir embelezamentos, leve em conta que a estética da agroecologia é diferente daquilo que as pessoas costumam identificar como uma horta bonita (canteiros com um único tipo de hortaliça organizado em fileiras e sem nenhum matinho em volta).

– Largar pneus (contaminam o solo), entulho, fórmica (tem muito produto químico e não serve para delimitar canteiros) e outros materiais na horta. Madeira e telhas às vezes são úteis, mas lembre-se que apenas ao largar lá você está dando trabalho extra para os voluntários, que terão que criar um destino para o material. Pergunte antes se o que você tem para doar será útil e participe do trabalho que reutilizará o material.

– Dar uma ideia de alguma melhoria bem trabalhosa que deve ser feita, mas de cuja implantação você não tem interesse em participar.

– Dizer que pretende se tornar voluntário, fazer um milhão de perguntas, solicitar materiais, mais dicas, livros e nunca mais aparecer.

– Adotar um canteiro, ir na horta duas ou três vezes, abandonar o canteiro e não avisar ninguém.

– Retirar mudas, ferramentas e outros materiais da horta.

Reparou que não comentei o item plantar uma muda? O momento do plantio equivale a apenas 0,0001% das atividades na horta. É um instante mágico, mas apenas um instante. O que dá trabalho mesmo é conseguir os insumos, preparar as mudas, os canteiros e cuidar das plantas por toda a vida delas.

CAPÍTULO 14
Plantas fáceis de cultivar

ABÓBORA – Nasce sozinha, cresce sozinha, não precisa de muitos cuidados, se espalha como quer, produz seus frutos, seca e dali a alguns meses brota de novo. O que a agricultora tem que fazer é cuidar do solo – o principal, sempre – e desistir de controlar, pois os ramos se espalham como querem.

A parte do nasce sozinha é assim: você come abóbora e coloca as sementes na compostagem. Depois, não sabe como, quando a primavera vai chegando começa a brotar abóbora em todo canto, até dentro do minhocário. No verão aparecem as flores comestíveis (que em restaurante chique chamam *fiori di zucca*) e as cambuquiras, pontinhas dos ramos, deliciosas refogadas. Uso as folhas também como utensílio de cozinha. São enormes e ótimas para pré-limpeza de louças e cobrir pia e mesa quando você não quer espalhar sujeira. A colheita em geral acontece no outono. Aqui em casa as receitas preferidas são purê, sopa e abóbora em fatias finas grelhadas na chapa de ferro até tostar. Mais vantagens: alimento que dá saciedade e pode ser guardado durante meses fora da geladeira.

INHAME – Se me perguntassem o que a agricultura urbana poderia fazer de mais simples e eficaz para ajudar a combater a fome eu responderia: acarpetar nossas cidades de inhame. Fácil de plantar e supernutritiva. Além de tudo, serve como espécie ornamental. Deixo o aviso: nunca consuma inhame cru por causa do oxalato de cálcio que é neutralizado com o calor. O inhame (nome científico: *Colocasia esculenta*) é nativo provavelmente da Índia e presente na culinária africana e brasileira há séculos. Comida de resistência, foi sumindo do dia a dia quando a alimentação se padronizou e empobreceu mundialmente. Para cultivar, compre ou arranje um inhame e coloque no solo com o biquinho para cima. Não precisa afundar muito. Basta deixar o bico no nível da superfície. Largue seu inhame que ele se vira. No máximo cuide para que a terra fique úmida. Mas se você esquecer ele não vai morrer. A planta aguenta seca e dilúvio, frio e calor. É a musa da resiliência. E por isso tão preciosa nesses tempos de mudança climática. Depois de um tempo, você vai reencontrar a bolinha de inhame agora como uma bolona carregando um monte de filhas. Coma as maiores, replante as menores. A vida continua. Na cozinha, inhame é superversátil: vira purê, sopa, molho branco, base para sorvete, pode ser preparado como batata.

ORA-PRO-NOBIS – Uma cactácea (parente dos cactos) nativa do Brasil, rica em fibras, vitaminas e proteínas. Apelidada de "carne dos pobres", é um ingrediente muito querido da turma vegetariana. Plantar é facílimo: você espeta um pedaço do caule na terra em pronto. No inverno praticamente não cresce. Mas na primavera e no verão se espalha rapidamente. Tem muitos espinhos e é melhor ir controlando com podas para não ficar grande demais. Os brotos e folhas novas são mais gostosos. Pode ser refogada e entrar em todo tipo de receita. Por causa do oxalato de cálcio, melhor não consumir crua (dizem que a da flor branca tem menos oxalato, mas eu não costumo comer crua). Quando você for podando, vai perceber novos pés nascendo a partir dos pedacinhos que foram parar no chão. Dá uma fruta redonda e amarela e aí é legal plantar da semente para ir garantindo a variedade genética da espécie. Mais uma espécie muito resiliente, que aguenta bem o tranco dos extremos climáticos (frio, calor, seca, chuvarada).

CÚRCUMA – A planta tem ciclo anual e fica pronta para colher no outono. Tem efeitos muito benéficos para a saúde. Existem mil receitas dicas culinárias, dá para consumir crua e cozida. Ouvi dizer que pimenta-do-reino potencializa os efeitos, mas uso a pimenta do quintal mesmo. Geralmente ralo o rizoma e coloco no chá (misturado com ervas ou puro), nos sucos, batido com polpa de coco ou iogurte para comer, ralado em cima do arroz pronto (deixo no bafo uns minutos antes de servir), na salada, no frango ensopado, na omelete.

Dura um bom tempo na geladeira ou mesmo abandonado num canto seco, sem lavar. Para durar até a próxima safra pode-se lavar bem e congelar ou fazer pó. Tenho cúrcuma o ano todo assim. Como plantar: pega um pedacinho e enterra com uns 2 centímetros de solo por cima. Só isso. Melhor se a terra estiver fofa. Pode ser em vaso. A planta não precisa de muita rega nem de muita adubação. Vão surgir as folhas alongadas, verde-claras e com nervuras. Crescerão até mais de 1 metro. No outono vão amarelar e secar. Esse é o ponto de colheita. E você poderá distribuir rizomas para outras pessoas plantarem também.

HORTELÃ – Basta enterrar um pedacinho de caule que ela cresce sozinha. Deixe o talinho em local de solo fofo, cubra com 2 centímetros de terra, coloque cobertura de palha e pronto. Essa espécie viceja no verão. A planta gosta de solo úmido e se espalha horizontalmente. As mudas nos vasinhos comprados duram pouco porque não tem lugar para esparramos. Se falta solo na sua casa, arranje um vaso comprido, mas que pode ser raso.

GENGIBRE – Você pode multiplicar os gengibres que compra. Corte as pontinhas e cantinhos e enterre. Daqui a alguns meses terá mais gengibre. A planta vai bem na semissombra, gosta de umidade, terra fofa e não exige muita adubação. Nos mercados encontramos em geral somente a raiz do gengibre, então a maioria das pessoas não consegue reconhecer a planta. Como parece mato, o risco de arrancar é grande. Na dúvida, rasgue uma folha e cheire. Se tiver cheiro de gengibre, gengibre é.

CEBOLA – Quando estiver preparando alguma comida, corte a cebola deixando o talinho do meio. Pode plantar imediatamente ou deixar uns dias perto da janela com um milímetro de água embaixo ou no seco mesmo. Faça um buraquinho numa terra fofa em lugar onde bate muito sol (pode ser no vaso) e enterre o talinho. A bunda da cebola (onde saem as raízes) precisa ficar para baixo e a parte mais fina e pontuda para cima. Em breve vão começar a sair umas folhas. É cebolinha! Pode picar e colocar na comida. Daqui uns meses vão se formar cabeças de cebola onde estavam o talinho. Dá uma flor linda e dentro dela estão as sementes. Para recolher é preciso esperar secar. Aí você pode pegar suas próprias sementes e iniciar o processo do começo, o que em geral rende cebolas maiores do que as do talinho.

MANJERICÃO, SALSINHA, ALECRIM, CEBOLINHA E OUTROS TEMPEROS – Comprando a muda, é fácil cultivar. Salsinha e cebolinha vão bem em vasos pequenos. Manjericão e alecrim se desenvolvem plenamente em vasos de mais de 40 centímetros de diâmetro (mas uns 30 centímetros já está razoável). Plante essas duas separadas. Manjericão precisa de mais água. Alecrim gosta de solo mais arenoso, então acrescente mais areia na hora de montar o vaso.

CAPÍTULO 15
Produzir terra

Uma das dúvidas mais comuns de quem pretende criar uma horta é onde arranjar terra. Sugiro produzir você mesmo. Trata-se de uma ação importantíssima de regeneração ambiental e com esse método não é preciso gastar dinheiro nem transportar sacos pesados.

Tudo bem que, na empolgação do início, às vezes não dá para esperar os meses que a matéria orgânica demora para compostar. Na pressa do começo está valendo conseguir terra em outro lugar. Mas a verdadeira experiência da agricultura demanda o cultivo do próprio solo. E não existe horta que se sustente importando a terra para sempre.

Antes de passar às dicas práticas, deixo um recado: a perda de solo é um dos maiores problemas da humanidade. O desmatamento, a agricultura baseada em insumos químicos e monocultura, a mineração e outros problemas da nossa civilização destroem o solo que nos sustenta. Ou seja, estamos literalmente roubando das próximas gerações um dos elementos mais básicos para a manutenção da vida. Se quiser saber mais sobre o assunto, recomendo o livro *Dirt, Erosion of Civilizations*, de David Montgomery, e o filme *Dirt*. Apesar do mesmo nome, o filme não é uma versão do livro. Então, se você quer deixar um tesouro para os descendentes de sangue ou de alma, vá produzindo solo no quintal, na horta comunitária, no sítio, no condomínio, onde puder.

A natureza faz a terra sozinha se nós deixarmos. Todo ser vivo, inclusive eu e você, virará solo novamente quando morrer, lembra? Meu amigo Julio Avanzo costuma dizer o seguinte: "Compostagem é só um processo para tornar a decomposição confortável para os seres humanos, pois não gera odores desagradáveis e não atrai insetos. Mas se você fizer tudo errado os resíduos vão apodrecer e é exatamente isso que você queria que acontecesse".

Como fazer terra? Aqui em casa são duas as maneiras:

1 – Amontoar todas as podas do jardim em um local e esperar. Se você conseguir um triturador (eu comprei um) acelera muito o processo.

2 – Levar os resíduos orgânicos da cozinha para o minhocário.

Se você conseguir revolver tanto a pilha de podas quanto o conteúdo do minhocário, melhor. O arejamento acelera o processo.

A ideia de ter minhocas em casa e enfrentar o processo de decomposição dos resíduos orgânicos num primeiro momento pode provocar uma certa aversão. Comigo foi assim. Mas rapidamente me acostumei com o minhocário, e transformar lixo em adubo passou a ser uma rotina muito prazerosa. Não tenho nojo nenhum em mexer nas caixas. Aliás, as minhocas adaptadas ao esquema da "vida em apartamento" são as californianas e existe uma rede de doações entre os composteiros. Minhocas nativas, dessas que aparecem sozinhas na terra, não costumam sobreviver no confinamento. Mas a boa notícia é que dá para compostar num minhocário mesmo sem minhocas. As orientações são as mesmas e surgem muitos outros bichinhos decompositores, presentes mesmo quando as minhocas são as protagonistas.

O modelo básico de minhocário consiste em três caixas retangulares que cabem em qualquer apartamento. As minhas medem 60×40×20 centímetros, mas existem kits menores. Graças às minhocas, diminuímos muito a produção doméstica de lixo e fabricamos o húmus que aduba a horta. Elas devoram quase todo resíduo orgânico, inclusive guardanapos de papel (sem tinta). A regra oficial é não adicionar alimentos cozidos, de origem animal, muito gordurosos, salgados, alho, cebola. Em doses pequenas, eu coloco. Só os cítricos que reservo para fazer enzima, um limpador maravilhoso.

Embora simples, o manejo do minhocário requer uma certa prática e, por isso, muita gente desiste. Com o tempo, fui percebendo que é uma atividade parecida com cozinhar, em que tudo tem o ponto e a proporção certos. A mistura não pode ficar muito úmida nem muito seca. Os restos "apodrecíveis" precisam ficar embaixo de uma grossa camada de matéria morta (serragem grossa ou gravetos com folhas secas). E o ar precisa entrar, pois se o ambiente se tornar anaeróbio a mistura literalmente azeda.

Já errei bastante. No começo as minhocas quase desapareceram por excesso de matéria seca. Depois exagerei nos úmidos e ficou cheiro ruim. Até hoje, basta não cobrir direito para encher de mosquinhas de fruta. O pior foi a invasão de umas larvas que eu achei nojentas até descobrir que se tratava de bigato ou *black soldier fly*. Não são infectantes, mas deixam o composto fedido para caramba, e um dia tive que jogar tudo em cima de um plástico para recolher uma por uma e acertar a mistura. Retirei mais de um quilo de larvas, fiquei com um pouco de ânsia e vivi uma das experiências mais desafiadoras da minha vida. Mais tarde descobri que o sacrifício era desnecessário: bastaria acrescentar mais serragem e trazer um pouco de húmus de outra caixa que as larvas desapareceriam com o tempo. E descobri também que essas larvas são alimento tradicional em algumas regiões da Ásia e estão sendo pesquisadas como fonte alternativa de proteína.

Aos poucos fui acertando a mão. A dica salvadora foi sempre deixar 2 centímetros de húmus no fundo ao iniciar uma nova caixa, assim as minhocas têm onde se refugiar caso haja algum desequilíbrio momentâneo no ambiente. Dizem que o ideal é encher cada recipiente em dois meses, assim dá tempo para a decomposição ser total. Eu não costumo anotar datas e em geral vou recompostando o que ainda está pedaçudo. Ou seja, jogo em cima dos resíduos frescos um pouco do composto em maturação antes de cobrir de serragem.

E se as minhocas desaparecerem? Fique tranquilo e continue observando. Existem muitos outros seres decompositores no minhocário. Pode ser que tudo continue dando certo mesmo sem elas.

Cerca de 50% do lixo doméstico gerado no país é orgânico. Um absurdo, pois estamos pagando caminhões de dinheiro com nossos impostos para encaminhar para os aterros o que deveríamos estar devolvendo ao solo. E lá no aterro infelizmente tudo se mistura com resíduos potencialmente contaminantes.

Momento espiritual: a palavra que originou humanidade foi a grega *humus*, que significa terra e está na raiz também de homem e humildade. Em hebraico, húmus é *adamá*, que deu origem a Adam (Adão), de onde vem a humanidade. As duas tradições dizem a mesma coisa. Fazer terra é um ato sagrado de reconexão espiritual e um exercício de humildade.

CAPÍTULO 16
Sugestões para escolas

1 – Planejamento baseado em duas perguntas

Por que fazer uma horta na escola? Como a horta vai se relacionar com as atividades pedagógicas e comunitárias da escola? É legal responder por escrito e coletivamente (todos que participarão do projeto). Reler e atualizar de vez em quando.

2 – Começar fazendo

Cuidar de uma horta é que nem cozinhar, andar de bicicleta, ter um cachorro, educar um filho. Estudar e planejar antes ajuda, mas a prática costuma ser bem diferente do que foi imaginado. Então coloque logo a mão na terra e comece pequeno. Alguns vasos ou um metro quadrado de chão já é o suficiente para iniciar.

3 – Iniciar o aprendizado pelos adultos

Já faz algumas décadas que o hábito de cultivar alimentos no quintal foi abandonado por quase todos. Então temos gerações de adultos que nunca plantaram nada. Alguns até sentem medo e nojo da terra e das minhocas. É importante reconhecer, aceitar e refletir sobre esses sentimentos. E, quem sabe, esperar um pouco para iniciar as atividades com os estudantes. Vale a pena os educadores envolvidos com o projeto investirem tempo e energia em adquirir um pouco de experiência antes de envolver os alunos. No caso de se perceberem pouco à vontade com a ideia da horta, repensar o projeto e a participação.

4 – Definir (e respeitar) os guardiões da horta

Quem vai cuidar da horta no dia a dia? Quem vai se preocupar com a falta e o excesso de chuvas, o vento, o granizo e as temperaturas extremas? Quem vai cuidar da horta nos finais de semana, feriados e férias? Quem vai se virar para arranjar os insumos e sair correndo para acudir a horta em caso de necessidade? O diretor da escola? Um ou vários educadores? Outro funcionário? Essa pessoa vai ganhar remuneração pelo trabalho? Pais de alunos? Voluntários? Estudantes? A pessoa ou as pessoas que assumirem esse papel merecem reconhecimento e liberdade para trabalhar. Só quem está ali no dia a dia com a enxada na mão é que sabe do que a horta precisa e quais são suas potencialidades. Talvez seja alguém não muito graduado na hierarquia da instituição e com pouca escolaridade, mas que traz consigo o principal: amor à terra. Os guardiões da horta devem decidir (debatendo com a direção da escola) o que é o melhor para ela e os rumos a serem tomados. E também as estratégias para manter a horta durante os recessos.

5 – Deixar as crianças brincarem

A simples existência da horta na escola já traz muitas oportunidades de reconexão com a natureza. Se as atividades por lá forem excessivamente dirigidas e pouco lúdicas, talvez tenham o efeito inverso do esperado. Melhor deixar o acesso livre para os estudantes poderem brincar e colher livremente. E que tal a horta virar uma sala de aula ao ar livre, com atividades de matemática, arte, ciências, história, geografia e outras matérias? A intervenção dos adultos pode ser mínima em alguns momentos, apenas para evitar depredações e desperdício. Cuidado com o excesso de rega. Regar é uma atividade simples e divertida, mas água em excesso mata as plantas.

Quando a horta vai precisar mesmo ser usada para complementar a merenda e ajudar a garantir a segurança alimentar dos estudantes, sugiro fazer parcerias com agricultores profissionais para viabilizar o cultivo intensivo, sendo que eles podem trocar uma parte da produção pela possibilidade de acessar a terra e os insumos oferecidos pela escola.

6 – Quebrar o concreto

A maior parte das escolas (assim como das residências, empresas, hospitais, igrejas, condomínios e ruas) tem cimento demais. Que tal tirar o concreto do chão onde for possível e trazer de volta o solo, as plantas, os bichinhos? Isso deixará o ambiente mais fresco, menos poluído, menos barulhento. E os estudantes mais calmos, já que o verde reduz o estresse e a correria. Plantar no solo é prioridade, depois vêm os telhados verdes. Plantio vertical funciona melhor com trepadeiras comestíveis como chuchu e maracujá. Vasos pequenos pendurados em paredes e garrafas PET não costumam dar bons resultados. Sobretudo o plástico e os pneus devem ser evitados.

7. Plantar flores, PANCs e receber bem os bichinhos

Se vocês criarem um lindo jardim comestível provavelmente esse vai ser o canto mais agradável e mais amado da escola. Veja bem: a horta não precisa ser apenas um local com canteiros retangulares e hortaliças convencionais. Melhor que não seja, aliás. Plante pensando nos serviços ambientais que ela vai oferecer, como, por exemplo, abrigo de microfauna (incluindo as valiosas abelhas nativas sem ferrão) e reserva de biodiversidade vegetal sobretudo comestível. Por isso vale a pena aprender a identificar, cultivar e deixar nascer sozinhas muitas PANCs.

8 – Observar o que a terra quer produzir

Agricultores iniciantes em geral só querem as espécies comuns de supermercado. Mas com o tempo a gente percebe que mais importante ainda é trazer de volta para nossos canteiros e nossas refeições as plantas que já fizeram parte das nossas tradições culinárias, mas hoje são tão raras que ficaram conhecidas como plantas alimentícias não convencionais. E tem também alimentos tradicionais que facilitam a vida, pois não exigem muita dedicação: batata-doce, ora-pro-nobis e taioba, por exemplo. Várias PANCs são muito nutritivas e bem fáceis de cultivar. E ao plantar tudo misturado vocês vão perceber quais espécies combinam e que isso ajuda a evitar infestações. A melhor maneira de aprender agricultura é assim: plantando e observando.

9 – Não desperdiçar matéria orgânica

Se fizerem compostagem não será preciso comprar terra nem adubo, basta enriquecer o solo com matéria orgânica. Toda folha seca e graveto que cai no terreno da escola deve ser devolvido ao solo. E quase todos os resíduos da cozinha podem ser compostados.

10 – Ser criterioso com o reaproveitamento de materiais

Fazer uma horta na escola não demanda muito material. Regadores podem ser construídos a partir de embalagens plásticas e bordas de canteiros com sobras de madeira ou telhas. Com exceção dos regadores, convém evitar o plástico. As matérias-primas naturais (madeira e pedras) deixam o visual mais bonito e evitam as falsas mensagens ecológicas. Virou mania as escolas pedirem para os alunos levarem embalagens plásticas para reaproveitar (inclusive de bebidas nada saudáveis) e sou contra essa prática, pois estimula o consumo e passa uma impressão – falsa – de que esse reaproveitamento resolve os problemas causados pelo plástico no mundo. Minha experiência com vasos em garrafa pet também foi ruim: são muito pequenos, esquentam demais, não respiram, podem liberar Bisfenol A. Não uso mais de jeito nenhum. Com pneus a situação é ainda mais complicada, pois eles contaminam o solo.

11 – Trocar sementes e mudas

A natureza é abundante e, a partir do momento em que começamos a plantar, passamos a produzir mudas e sementes em nossas hortas. Os agricultores sempre as trocaram entre si, e esses momentos são muito intensos em dicas e aprendizados. Existem grupos realizando encontros em torno de mudas e sementes em diversas regiões.

12 – Abrir as portas para a comunidade

A horta é um excelente mediador social. Todos têm memórias, experiências e vivências relacionadas à comida que vêm à tona quando estamos lidando com o plantio. Fazer eventos e convidar pais de alunos e vizinhos para participar das atividades da horta pode dar muito certo.

13 – Receber lições dos agricultores

Precisa de ajuda? Ninguém melhor para orientar do que o agricultor profissional, aquele que tira seu sustento da terra todos os dias. Convide-os e convide-as (mulheres são maioria na agricultura urbana) para visitar a horta, mas fique atento a alguns detalhes que, se não forem bem cuidados, podem causar desconforto. Para começar, numa escola não pode entrar agrotóxico. Então certifique-se de que o agricultor ou agricultora usa técnicas agroecológicas. Lembre também que os agricultores são mal pagos e pouco valorizados em nossa sociedade. Por esse motivo, ele ou ela provavelmente não poderá se dedicar à horta da escola sem receber remuneração. Mas uma aula especial ou uma homenagem serão muito bem-vindas, e a horta escolar se beneficiará de dicas preciosas.

CAPÍTULO 17
Sugestões para os governantes

Existem no mundo cerca de 800 milhões de agricultores urbanos. A terceira nação do mundo em população! Calcula-se que ¼ são profissionais, que comercializam suas colheitas. Desde que comecei a plantar, vejo por toda parte áreas com grande potencial de produção de alimentos infelizmente desperdiçadas, sobretudo nas periferias e cidades do interior. Algumas medidas relativamente simples podem impulsionar a agricultura urbana:

1 – Proporcionar acesso facilitado à terra e à água. Pode-se começar pelo mapeamento das áreas públicas e particulares ociosas com potencial para hortas;

2 – Fornecer apoio e maquinário para o preparo inicial do solo, principalmente retirada de entulho;

3 – Oferecer assistência técnica e testes gratuitos de solo e água;

4 – Facilitar o acesso a insumos e a logística de transporte. Principais itens necessários: mudas orgânicas, sementes, composto (compostagem de resíduos das feiras e podas de árvores, por exemplo) e outros nutrientes para o solo;

5 – Promover o diálogo e aceitar as demandas das associações de agricultores;

6 – Implantar programas de Pagamento por Serviços Ambientais;

7 – Agilizar a burocracia para que os produtores urbanos acessem os créditos agrícolas;

8 – Oferecer instalações públicas para as feiras do produtor;

9 – Criar programas flexíveis, ajustados às necessidades dos agricultores locais e contratar servidores públicos que gostam do tema e oferecer a eles liberdade para criar soluções;

10 – Criar programas específicos para fortalecer hortas comunitárias que não têm como principal objetivo a produtividade. Transformar essas hortas em pontos disseminadores da agricultura doméstica, distribuindo informação e insumos (sementes, mudas e composto) para os cidadãos que querem cultivar alimentos em casa.

Algumas cidades que dão exemplo

Sou apaixonada por comida de verdade e agricultura urbana, então minha forma preferida de turismo (a única que pratico, em geral) é visitar lugares onde já existem soluções para viver em harmonia com a natureza, produzindo alimentos bons para todo mundo. Já conheci de perto ótimos projetos pelo mundo e selecionei aqui algumas ideias simples e inspiradoras:

Rosário (Argentina)

O programa de agricultura urbana é referência planetária. De acordo com a FAO, setor da Organização das Nações Unidas que cuida de alimentação e agricultura, trata-se de uma das dez melhores políticas públicas do mundo nessa área. Inclui doação de sementes e mudas, assessoria técnica agroecológica, manutenção de sete parques-horta, instalação de hortas em quarenta escolas, fornecimento de ferramentas e até tratores, instalação de feiras e mercados públicos para a venda dos alimentos (100% da produção é para consumo local), vigilância policial nas hortas, cursos de agricultura para a população e realização de uma semana anual de agroecologia Os parques-horta ficam em terrenos públicos que são divididos em lotes de mais ou menos metade do tamanho de um campo de futebol e emprestados para os agricultores plantarem as hortaliças que quiserem. Quando estive lá, em 2019, 20 mil rosarienses já tinham passado por cursos gratuitos e 6 mil jovens em situação de vulnerabilidade social ou infratores recebiam bolsas para aprenderem a ser agricultores e ajuda para encontrar seus primeiros clientes. Conheci um feirante que ia de bicicleta vender a produção de suas galinhas urbanas. Sim, a prefeitura de Rosário incentiva os galinheiros urbanos em vez de proibi-los!

Todmorden (Inglaterra)

Cidadezinha inglesa que tem horta na delegacia, na escola, na rua, no cemitério e em todos os lugares. Antes do projeto Incredible Edible começar, era um município pós-industrial decadente, com autoestima lá embaixo. Hoje é um exemplo mundial de agricultura urbana, educação, economia local, vida comunitária. Tudo começou com a iniciativa de duas ativistas: Mary Clear e Pam Wharhurst. O que aprendi lá é que a ideia maluca de plantar em espaços públicos pode mudar completamente a vida de uma cidade. E se todas as cidades fizerem isso, o mundo se transformará completamente.

Paris

Sistema totalmente simplificado de adoção de espaços verdes pelos cidadãos. O programa Végétalisons Paris (Tradução livre: Plantemos em Paris) estimula as pessoas a colocar a mão na terra e plantar em calçadas, telhados, muros, praças, jardins e microfazendas. Basta preencher um formulário simples pela internet, imprimir a autorização e pronto! O site dá dicas e mapeia os locais adotados. Só que está uma certa polêmica na cidade porque se tornou muito comum as pessoas adotarem canteiros para abandoná-los em seguida. Conheço bem essa história...

Rio de Janeiro

O programa Hortas Cariocas é uma iniciativa da prefeitura, criada em 2006 pelo agrônomo Júlio César Barros. Foi reconhecida pela ONU em 2020 como ação essencial para alcançar os Objetivos do Desenvolvimento Sustentável. As hortas ficam em comunidades de baixa renda e escolas municipais. Agricultores recebem ajuda de custo e são estimulados a tornarem os plantios lucrativos para seguir por conta própria. Um dos segredos do sucesso é a prefeitura não criar nenhuma horta do zero. Para conseguir o apoio, a comunidade precisa começar o trabalho com seu próprio esforço.

Maricá (Rio de Janeiro)

A prefeitura criou praças agroecológicas onde jardineiros contratados cultivam legumes, frutas e verduras que são doados para as pessoas. Uma delas tem até canteiro elevado, acessível para cadeirantes. Alguns desses locais também possuem galinheiros públicos, e os ovos são distribuídos gratuitamente. Aos sábados acontecem aulas de horta e entrega de sementes, mudas e adubo para quem quiser plantar comida em casa. E também a feira dos produtores onde alguns ex-alunos do curso já estão comercializando. Ou seja, os hortelões de Maricá podem vender a produção do quintal na feira livre. Existe também uma fazenda pública, que é um centro de pesquisas e também produz alimentos para o restaurante popular da cidade, asilos, casas de acolhimento e aldeias indígenas.

CAPÍTULO 18
Sugestões para o ativismo coletivo dar certo

Faz mais de uma década que participo de vários coletivos e tenho vivido experiências incríveis de liberdade, fraternidade e igualdade. Também percebo que não é fácil mudar o jeito de fazer as coisas, e a inércia às vezes leva as pessoas ao individualismo, tendências autoritárias e outros vícios da sociedade competitiva. Então fui percebendo que sete atitudes ajudam muito na hora de trabalhar coletivamente pelo bem comum. São elas:

1 – Ouvir é mais importante que falar;

2 – Viabilizar a ideia ou fortalecer a iniciativa alheia é mais importante do que ter a ideia ou começar um projeto. E quem dá a ideia precisa estar disposto a se dedicar intensamente na execução;

3 – Todos fazem os trabalhos braçais e ninguém manda em ninguém;

4 – Acolher as pessoas, seus talentos e suas fragilidades;

5 – Acreditar na abundância e compartilhar saberes e recursos;

6 – Aceitar o caos. Em geral as coisas acontecem de forma diferente do que foi planejado;

7 – Começar onde você está agora. Usar o que você tem agora. Fazer o que você pode agora.

Anexos

Capítulo 4

Ofício de apresentação da Horta das Corujas (2013)

A Horta das Corujas nasceu da aspiração de hortelões domésticos da cidade de São Paulo. Um grupo de paulistanos que gosta de plantar, tem hortas em casa (seja em pequenas varandas de apartamento, seja em jardins maiores) e desejava ampliar sua experiência cultivando coletivamente. Pessoas que acreditam no sonho de que é possível plantar numa megalópole como São Paulo, é possível humanizar a cidade a partir da agricultura urbana, é possível se alimentar de uma produção local e de boa qualidade.

Esse sonho está se tornando realidade e desde julho de 2012 uma verdadeira horta urbana está tomando forma numa praça municipal de São Paulo, a praça Dolores Ibarruri, também conhecida como praça das Corujas, na Vila Beatriz, distrito de Pinheiros. O histórico completo da implantação da Horta das Corujas está abaixo.

O que acontece na Horta das Corujas vai muito além do plantio. Os voluntários que a ela se dedicam estão juntando conhecimentos ancestrais e o poder de pesquisa e a mobilização proporcionados pela internet. Estão fortalecendo os laços entre os moradores da região. Estão fazendo novos amigos. Estão reaprendendo o valor do trabalho braçal e deixando esse lugar mais acolhedor e cheio de vida. Enquanto plantam sementes e mudas de hortaliças, plantam também um investimento numa sociedade mais sustentável e menos competitiva.

Já percebemos que a vocação da Horta das Corujas é ser um espaço de educação ambiental prática e de disseminação de ideias para um mundo melhor. Como somos sonhadores, queremos que isso se amplie ainda mais. Gostaríamos de ver a Horta das Corujas como um projeto piloto para a cidade de São Paulo, onde cada bairro pudesse ter sua horta comunitária. O presente projeto se propõe a mostrar caminhos para que esse sonho se torne realidade.

Objetivos
O objetivo geral da Horta das Corujas é tornar-se um espaço de educação ambiental amplo, onde cidadãos paulistanos possam, juntos, colaborativamente, aprender e ensinar:
Agricultura urbana
Alimentação saudável
Solo, água, plantas e o ecossistema urbano
Espaço urbano: ocupação do solo e drenagem
Gestão de resíduos sólidos
Uso do espaço público
Cidadania e ética
Objetivos específicos
Produzir alimentos saudáveis, sem agrotóxicos, para a comunidade local
Atrair e formar voluntários para o trabalho comunitário em horta
Oferecer oficinas com temas diversos ligados a agricultura urbana e meio ambiente
Receber escolas das redes pública e privada para introduzi-las à educação ambiental na prática
Formar multiplicadores, que poderão criar hortas em suas casas, condomínios ou bairros e inspirar amigos e familiares
Desenvolver uma cartilha de implantação de horta urbana em espaço público

Praça das Corujas: um espaço privilegiado

A praça das Corujas é um espaço privilegiado na cidade de São Paulo para uma horta urbana. Espaço amplo, de 1.000 m², dentro de uma praça de 24.000 m². Grandes períodos de insolação. Água disponível. Há uma nascente, para a qual foi criada uma cacimba, o que permite a irrigação da horta sem necessidade de uma conexão com a Sabesp. Em região central da cidade, porém afastada de grandes vias de tráfego. Local calmo. Local onde a comunidade do entorno já estava unida contribuindo para a conservação da praça.

Premissas fundamentais da Horta das Corujas

Trata-se de um espaço público, portanto, a horta está sempre aberta para todos, qualquer pessoa pode participar dos trabalhos e colher o que está plantado. O trabalho é todo realizado por voluntários, membros da comunidade local que dedicam graciosamente parte do seu tempo e habilidades para a horta. O espaço, público, da horta é de responsabilidade dos voluntários, que garantem a limpeza do local e o bom estado das plantas, caixa d'água, composteira etc. Acreditamos nas ações locais, portanto, valorizamos o envolvimento da comunidade do bairro e incentivamos e ajudamos a implementação de iniciativas semelhantes em outros locais da cidade.

A horta tem vocação orgânica. Portanto, não utilizamos agrotóxicos ou adubos químicos. A adubação é feita com composto doméstico, *composto produzido na composteira da horta e composto doado pelo Shopping Eldorado. Usamos produtores naturais para o controle das pragas, tais como óleo de neem, óleo de mamona etc.*

Valorizamos a autossuficiência dentro dos limites da realidade urbana: assim evitamos comprar ou adquirir materiais novos, preferindo materiais que seriam descartados mas podem ser reutilizados. Procuramos usar os insumos locais (como troncos de bananeira para criar canteiros, gravetos da praça para delimitá-los etc.) e incentivamos a compostagem doméstica pelos simpatizantes do projeto.

Como funciona a Horta das Corujas hoje

A Horta das Corujas é mantida por voluntários, sobretudo moradores do bairro. Os voluntários se ocupam de: montar canteiros, roçar, retirar ervas daninhas, regar, adubar, aplicar cobertura morta, fazer controle de pragas, enfim, todos os cuidados de que uma horta necessita. Além disso realizam trabalhos mais pesados, como cavar duas cacimbas de água e criar caminhos.

A subprefeitura de Pinheiros realiza a capina pesada quando o mato começa a crescer alto demais. Além disso, o zelador da praça das Corujas recolhe folhas da praça e cede para a Horta (que as utiliza para a composteira local e como cobertura morta).

Os mutirões acontecem todos os finais de semana, normalmente alternando-se sábados e domingos. Costumam começar às 10h e terminar às 14h ou 15h, dependendo do entusiasmo dos voluntários. Neles procuramos desenvolver tarefas que demandam mais força e número de pessoas, como cavar trilhas, fazer o manejo das bananeiras etc.

A composteira localizada dentro da horta recebe as folhas e restos da capina da praça, além de esterco de cavalo (retirado no Jockey Club). Além disso ganhamos semanalmente do Shopping Eldorado composto produzido com os restos da praça de alimentação do shopping, resultado do Projeto Compostagem, de compostagem industrial rápida.

Lixo doméstico não é usado na composteira. Estimulamos que cada pessoa seja responsável por dispor de seu próprio lixo e quando possível faça a compostagem em casa e traga o composto pronto para a horta.

Já propusemos uma série de oficinas na Horta das Corujas que tiveram boa receptividade.

Sementeira

Compostagem doméstica

Canteiro elevado

Otimização dos recursos hídricos locais

A Educação Ambiental na Horta das Corujas é realizada na prática. Acreditamos que é colocando a mão na terra, vivenciando os desafios e os sucessos da agricultura, a dificuldade de ter água, de fazer adubo e coisas *do tipo, que se aprende, de fato, como os alimentos são produzidos, como a urbanização afeta os fluxos naturais, e como nós como cidadãos podemos melhorar nossa qualidade de vida trabalhando em comunidade.*

A Horta das Corujas, graças a sua localização, permite que se observe o caminho das águas no solo, no córrego, na nascente. Como se pode controlar a água, captar água.

O trabalho voluntário e em comunidade é um exercício de sociabilidade.

O uso do espaço público é um exercício de cidadania.

A composteira local e o adubo orgânico que estimulamos que seja produzido em casa lidam com a questão da gestão dos resíduos sólidos localmente.

O incentivo ao uso de materiais descartados busca despertar o interesse no tempo das coisas, nos reúsos e aproveitamentos, no conceito de lixo e de geração de lixo.

Acreditamos que é se envolvendo com os trabalhos, participando, percebendo as necessidades da horta, catando lixo na praça e levando tempero para casa que se conecta com a natureza, e as necessidades do meio ambiente; melhor do que com palestras, cartilhas ou discursos prontos.

Hortaliças plantadas

Abacaxi (Ananas comosus)
Abobrinha italiana (Cucurbita pepo L.)
Acelga (Beta vulgaris var. cicla)
Alface (Lactuca sativa)
Alecrim (Rosmarinus officinalis)
Arruda (Ruta graveolens)
Azedinha (Rumex acetosa)
Berinjela (Solanum melongena)
Beterraba (Beta L.)
Boldo (Plectranthus barbatus)
Capim-limão (Cymbopogon citratus)
Capuchinha (Tropaeolum majus)

Cebolinha (Allium schoenoprasum)
Cenoura (Daucus carota)
Chuchu (Sechium edule)
Citronela (Cymbopogon nardus)
Couve-flor (Brassica oleracea, Grupo Botrytis)
Couve-manteiga (Brassica oleracea variedade acephala)
Couve-roxa (Brassica oleracea, grupo Capitata Rubra)
Feijão (Phaseolus vulgaris)
Gerânio citronela (Pelargonium citrosum)
Hortelã (Mentha spicata)
Inhame (Dioscorea spp)
Manjericão basílico (Ocimum basilicum L.)
Manjericão miúdo (Ocimum basilicum minimum)
Milho (Zea mays)
Nirá (alho japonês) (Allium tuberosum)
Orégano (Origanum vulgare)
Pepino (Cucumis sativus)
Pimenta (Capsicum frutescens)
Peixinho-de-horta (Stachys lanata)
Quiabo (Abelmoschus esculentus)
Rabanete (Raphanus sativus)
Repolho roxo (Brassica oleracea, grupo Capitata Rubra)
Salsa crespa (Petroselinum crispum)
Taioba (Xanthosoma sagittifolium)
Tomate (Solanum lycopersicum)
Tomilho (Thymus vulgaris)

Histórico

Julho de 2012 – Visita de representantes da Subprefeitura de Pinheiros à praça das Corujas, definição do espaço dedicado à horta na praça

07/07/12	– Carta para o subprefeito de Pinheiros solicitando o uso do espaço definido para a horta
10/07/12	– Concedida a permissão de uso do solo para os fins de cultivo
14/07/2012	– Primeira reunião na praça das Corujas para pensar o projeto
29/07/2012	– Cavação da cacimba
11/08/2012	– Início do plantio
25/09/2012	– Horta é cercada por funcionários da Subprefeitura
29/09/2012	– Inauguração oficial da Horta das Corujas
15/11/2012	– Resultado positivo da primeira análise de E. coli pela Cetesb
07/03/2013	– Nova coleta de água pela Cetesb, para confirmar qualidade da água

PROPOSTA DE COOPERAÇÃO

Nós, Joana Canedo, Claudia Visoni e Madalena Buzzo, voluntárias da Horta das Corujas, vimos, pela presente, de acordo com o Decreto nº 52.062, de 30 de dezembro de 2010, que confere nova regulamentação ao artigo 50 da Lei nº 14.223, de 26 de setembro de 2006, manifestar nosso interesse na celebração de Termo de Cooperação em relação à praça Dolores Ibarriru, propondo-nos a realizar, durante o prazo de 3 (três) anos as melhorias ambientais e a conservação de uma parte dessa área municipal.

Local

Propomo-nos a cuidar de uma área de aproximadamente 1.000 m², localizada na parte sul da praça Dolores Ibarriru, Vila Beatriz.

Cooperantes: Voluntárias da Horta das Corujas
Endereço: Avenida das Corujas, s/n
Referência: Próximo ao cruzamento da avenida das Corujas com a rua Juranda.

Objeto da Cooperação: Área pública localizada na praça Dolores Ibarriru
Área/Extensão: 1.000 m²

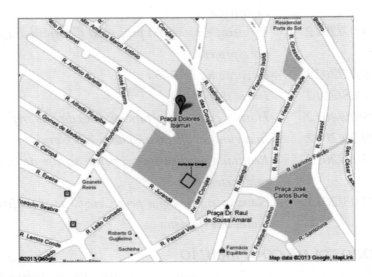

Escopo da proposta

O local será utilizado para o cultivo permanente de hortaliças e para educação ambiental, conforme projeto anexo, visando a melhoria da qualidade de vida urbana e o interesse público.

Serviços propostos: Limpeza, plantio, manutenção e conservação de acordo com projeto apresentado.

Número de placas ou adesivos indicativos da cooperação: 0 placas

Prazo de vigência: 36 (trinta e seis) meses, contados a partir da data de assinatura do termo.

Nestes termos, pedimos deferimento.

Capítulo 6

Estudos citados nas páginas 104 e 105

(1) OMS, 2016, Ambientairpollution: A global assessment of exposure and burdenofdisease. (http://apps.who.int/iris/bitstream/10665/250141/1/9789241511353-eng.pdf?ua=1)

(2) DE MIRANDA, Regina Maura et al. Urban air pollution: a representative survey of PM2. 5 mass concentrations in six Brazilian cities. Air quality, atmosphere&health, v. 5, n. 1, p. 63-77, 2012.

(3) Banco Mundial, 2016 – "World Bank; Institute for Health Metrics and Evaluation. 2016. The Cost of Air Pollution: Strengthening the Economic Case for Action. World Bank, Washington, DC. © World Bank. https://openknowledge.worldbank.org/handle/10986/25013.

(4) MOREIRA, Tiana Carla Lopes et al. Intra-urban biomonitoring: Source apportionment using tree barks to identify air pollution sources. Environment international, v. 91, p. 271-275, 2016.

(5) NOWAK, David J. et al. Tree and forest effects on air quality and human health in the United States. Environmental Pollution, v. 193, p. 119-129, 2014.(5) Maher et al., 2013

(6) MAHER, Barbara A. et al. Impact of roadside tree lines on indoor concentrations of traffic-derived particulate matter. Environmental science & technology, v. 47, n. 23, p. 13737-13744, 2013.

(7) VAN DEN BERG, Magdalena et al. Visiting green space is associated with mental health and vitality: A cross-sectional study in four europeancities.Health& place, v. 38, p. 8-15, 2016.

(8) CASEY, Joan A. et al. Greenness and Birth Outcomes in a Range of Pennsylvania Communities. International journal of environmental research and public health, v. 13, n. 3, p. 311, 2016.

(9) TAKANO, Takehito; NAKAMURA, Keiko; WATANABE, Masafumi. Urban residential environments and senior citizens' longevity in megacity areas: the importance of walkable green spaces. Journal of epidemiology and community health, v. 56, n. 12, p. 913-918, 2002.

(10) XIAO, Qingfu et al. Rainfall interception by Sacramento's urban forest. Journal of Arboriculture, v. 24, p. 235-244, 1998.

(11) TROY, Austin; GROVE, J. Morgan; O'NEIL-DUNNE, Jarlath. The relationship between tree canopy and crime rates across an urban–rural gradient in the greater Baltimore region. Landscape and Urban Planning, v. 106, n. 3, p. 262-270, 2012.

(12) MCPHERSON, E. Gregory; MUCHNICK, Jules. *Effects of street tree shade on asphalt concrete pavement performance*. 2005.

(13) MCPHERSON, E. Gregory; SIMPSON, James R. Potential energy savings in buildings by an urban tree planting programme in California. Urban Forestry & Urban Greening, v. 2, n. 2, p. 73-86, 2003.

(14) NOWAK, David J.; DWYER, John F. Understanding the benefits and costs of urban forest ecosystems. In: Urban and community forestry in the northeast. Springer Netherlands, 2007. p. 25-46.

(15) DONOVAN, Geoffrey H.; BUTRY, David T. Trees in the city: Valuing street trees in Portland, Oregon. Landscape and Urban Planning, v. 94, n. 2, p. 77-83, 2010.

Capítulo 9

Programações de aniversário

Nos capítulos 3 e 4 estão descritos o primeiro e o segundo aniversário da Horta das Corujas. Aqui tento resgatar as programações dos seguintes e citar todas as pessoas que voluntariamente ofereceram atividades. Obrigada a cada um que dedicou seu talento e carinho nessas ocasiões. Se esqueci de alguém, peço desculpas

3 anos – 2015

Oficinas: Bombas de Sementes com Pâmela Sarabia e Katerina Elias Traumfrau, Escultura de Balão com Fabíola Donadello, Identificação de PANCs com Ana Terra, Repelentes naturais com Caren Lissa Harayama e Fernanda Rodarte. Roda de Conversa com Valéria Farhat, Exposição de fotos e poesias do Coletivo Vidas Secas SP, Poemas de Guga Nagib e Show musical do Grupo Tribororo.

4 anos – 2016

Roda de conversa com a agricultora Dona Sebastiana, Oficina de PANCs com Regina Yassoe Fukuhara, Degustação de Suco Verde de

PANCs com Patricia Trufeli, Estreia Mundial do Grupo de PANC Rock "Os Ervas Daninhas", composto dos ativistas Danilo Bifone, Tiago Queiroz, Marcos Issao e Paula Moura.

5 anos – 2017

Yoga com Dadati Je, Vivência geofísica com Welton Santos, Oficina de Desenhos da Natureza com Adriana Ferla, Show musical com Laura Wrona e Malu Maria

6 anos – 2018

Yoga com Dadati Je, Vivência da natureza para crianças com Clara Spalicci, Oficina de compostagem com Paula Lopes (Popó), Oficina bomba de sementes, Clara Spalicci, Show de forró Bando do Seu Pereira (liderado pelo Vinícius Pereira/permacultor e músico)

7 anos – 2019

Dessa vez a programação foi leve e simplesmente festiva. Grande piquenique e muita conversa. Semeamos juntos o Huguel 1, Welton Santos instalou uma pedra em local geofisicamente escolhido (uma espécie de acupuntura territorial), teve contação de história para crianças e show musical com o grupo João de Dois. As fotos registram as presenças ilustres de Sergio Shigeeda, Dadati Je, Andrea Pesek, Rosangela Zanchetta, Mity Hori, Claudio Lorenzo, Claudia Sangiorgi, Elba Fraga, Welton Santos, Karin Hanzi, Mariana Marchesi, Rita Almeida, Rejane Nunes, Simone Fasbender, Jane Helena, Zilma Zakir, Paulo Miyazato, Dona Miriam, Gui Castagna, Lu Cury, Rodrigo Castro, Tom, Carol Sá Moreira. Semeamos juntos o Huguel 1.

8 anos – 2020

A comemoração foi reduzida por causa da pandemia. Fizemos apenas um lanche com a turma que aparece nos mutirões, todo mundo de máscara. Visita especial de fundadores: Madalena Buzzo, Joana Canedoe Sasha Hart.

9 anos – 2021

Com a Covid-19 ainda pandemiando o mundo, tivemos que nos restringir a mais um piquenique dos mascarados. A roda de conversa com a turma dos mutirões contando a importância da horta em suas vidas em tempos de isolamento social.

10 anos – 2022

Com a pandemia indo embora, celebramos com Banquete PANC Lixo Zero. Vieram: Mity Hori, Lucas Guidi, Zilma Zakir, Batata (tocando violão), Iuri Timoner, Marina Hion, Claudio Lorenzo, Marina Hion, Popó, Claudia Sangiorgi, Alice Girardi, Jane Helena e queridos visitantes de outras hortas (Lana Lin, Vanda Gentina, Gerson Pinheiro, Rejane Nunes) e os cofundadores Sasha Hart e Mirinha Cenamo.

11 anos – 2023

Não houve comemoração

Programações dos Festivais de Agricultura Urbana

1º Festival de Agricultura Urbana – 14 de maio de 2016 na praça Victor Civita

Mutirão de plantio. Feira gastronômica e feira orgânica. Aula de yoga. Minicurso "Como fazer uma horta na cidade". Visita guiada à praça Victor Civita para conhecer as tecnologias do sistema ecológico de saneamento e da horta em canteiros elevados para evitar contaminação. Sessão de autógrafos com Ana Primavesi. Vivência lúdica e circense com crianças e plantas. Oficina de ecogastronomia, de plantas alimentícias não convencionais e de compostagem doméstica. Workshop de abelhas nativas. Exposição de fotos da Popó Lopes. Criação de mapa colaborativo das hortas de São Paulo e dos pontos de venda de orgânicos. Rodas de conversa com voluntários das hortas comunitárias e sobre hortas escolares (foi aí que a Simone Kenj chegou a esse mundo!). Debate "Por que agricultura urbana?". Disco-xepa (lanche gratuito para todo mundo com as *sobras da feira gastronômica e de orgânicos). Show de forró do Bando do Seu Pereira. Exibição do filme Apart-horta.*

2º Festival de Agricultura Urbana – 27 de agosto de 2016 na praça Victor Civita

Minicurso de horta caseira e comunitária. Yoga. Meditação. Encontro de trocas de sementes e mudas. Feira gastronômica. Feira de orgânicos. Vivência com abelhas nativas sem ferrão. Exposição de compostagem. Hackroça. Debate sobre segurança alimentar. Contação de história para crianças. Oficina de compostagem. Roda de conversa com voluntários de hortas. Show musical Xtreme Blues Dog.

3º Festival de Agricultura Urbana – 22 de janeiro de 2017 no Centro Cultural São Paulo

Feira gastronômica. Encontro de troca de sementes e mudas. Feira de produtos da agricultura paulistana. Dança circular e aula aberta de dança. Yoga. Vivência com abelhas nativas sem ferrão. Roda de conversa sobre hortas comunitárias. Oficina comida de verdade. Oficina de plantio de ora-pro-nobis. Performance "comida de verdade nas ruas da cidade". Roda de conversa sobre compostagem (que deu origem ao movimento Objetivos da Compostagem). Roda de conversa sobre plantas medicinais e aromaterapia. Exibição dos filmes Apart-Horta e Comer o quê?. Show musical Ervas Daninhas.

4º Festival de Agricultura Urbana – 27 de agosto de 2017 no Centro Cultural São Paulo

Mutirão na horta. Yoga. Exposição de fotos da agricultura familiar. Oficina de adivinhação de sabores. Dança circular. Microcursos: horta caseira, abelhas sem ferrão e agrofloresta. Encontro de troca de sementes e mudas. Oficinas: probióticos, compostagem, biomassa da banana verde, plantio de ora-pro-nobis, guardiões da natureza (para crianças). Feira gastronômica. Feira de produtos da agricultura paulistana. Oficina de compostagem. Contação de histórias para crianças. Show de forró do Bando do Seu Pereira.

5º Festival de Agricultura Urbana – 25 de agosto de 2018 na Unibes Cultural

Dança circular. Yoga ao som de hand drums. Meditação. Oficinas: kombuchá, compostagem, pão, PANCs, abelhas sem ferrão, mudas e sementeira, cosméticos naturais, manejo ecológico de água e produtos de limpeza naturais. Feira de produtos da agricultura paulista. Cozinha experimental. Encontro de troca de sementes e mudas.

6º Festival de Agricultura Urbana – 14 de dezembro de 2019 no Natural da Terra/avenida das Corujas

Feira de produtos da agricultura paulista. Feira gastronômica. Encontro de trocas de sementes e mudas e Plantão de dúvidas de horta. Yoga & música. Dança circular. Vivência com as abelhas nativas brasileiras. Oficinas: colheita dos sentidos, fermentação natural e mandioca, a rainha do Brasil. Oficinas livres. Roda de conversa Soluções Lixo Zero. Exibição do filme Cyber Roças. Rodas de conversa: hortas escolares e agriculturas de São Paulo. Show musical de El Rapha Arcanjo.

7º Festival de Agricultura Urbana – 2 de dezembro de 2023 na Praça Victor Civita

Feira da Agricultura de São Paulo. Feira de Produtos Ecológicos e Artesanais. Encontro de Trocas de Sementes e Mudas. Yoga. Roda de Conversa Compostagem Comunitária. Roda de Conversa Hortas Escolares. Brincadeiras de Afeto com a Natureza (para crianças). Oficina de Compostagem. Roda de Conversa Plantas Alimentícias Não Convencionais. Vivência com abelhas nativas sem ferrão. Roda de Conversa sobre Plantas Medicinais. Comida Criativa da Feira. Roda de Conversa Hortas Comunitárias. Roda de Conversa Soluções Lixo Zero. Roda de Conversa Mudanças Climáticas. Roda de Conversa Hortas que Combatem a Fome. Roda de Conversa 10 anos do MUDA (Movimento Urbano de Agroecologia). Show A Magnífica Orchestra.

DOCUMENTO DE FUNDAÇÃO DA UNIÃO DE HORTAS COMUNITÁRIAS DE SÃO PAULO (2018)

O que é: Coletivo que reúne representantes de hortas comunitárias da cidade de São Paulo com o objetivo de promover a troca de experiências e o fortalecimento das hortas urbanas, defendendo os interesses comuns explicitados no "Manifesto dos Hortelões Urbanos".

Consideramos "horta comunitária" aquela que...
1 – Não permite o uso de insumos químicos e venenos e se baseia nos princípios agroecológicos e permaculturais;
2 – Realiza de forma coletiva, colaborativa e inclusiva o uso do espaço, trabalho, colheita e gestão;
3 – Oferece atividades de educação ambiental gratuitas e abertas ao público;
4 – Cultiva alimentos para autoconsumo dos voluntários e da comunidade.

Fazem parte
Horta das Corujas (Vila Madalena)
Horta do Centro Cultural São Paulo (CCSP)
Horta das Flores (Mooca)
Horta da Faculdade de Medicina – USP
Horta da Saúde
Horta do Ciclista (av. Paulista)
Horta do Areião (Barra Funda)
Horta do Parque Linear Zilda Arns (Vila Ema)
Agrofloresta da Batata (largo da Batata)
Horta da City Lapa
Hortão da Casa Verde
Horta da Praça Amadeu Decome
Horta Madalena (Vila Madalena)
Horta da Praça da Nascente (Pompeia)
Horta do Goethe (Pinheiros)

Como participar: Os critérios para adesão à União das Hortas são os seguintes:

Ser representante do coletivo que cuida de alguma horta comunitária;
A horta comunitária seguir os princípios colocados acima;
Frequentar as reuniões mensais da União;
Responsabilizar-se pelo repasse das discussões para o coletivo da horta que representa.

Agradecimentos

Tanta gente e tantas outras iniciativas ajudaram e continuam ajudando a Horta das Corujas a existir que não tenho palavras suficientes para agradecer. Este livro é inteiro um manifesto de gratidão, não só aos que participaram diretamente da horta mas a tudo que me trouxe até aqui. Durante o período em que foi elaborado, recebi inestimáveis contribuições das primeiras leitoras Joana Canedo, (também fundadora da horta), Mity Hori (minha sócia na tarefa de ser arrimo), Carolina Meyer, Mônica Guttmann e Lídice Bá. O manuscrito só virou livro graças à competência, dedicação e amor da Bambual Editora e de Isabel Valle, conectada a mim pelas letras desde os tempos da revista *Capricho*. A capa foi criada por Luiza Chamma, com quem tive o prazer de mergulhar nas ilustrações botânicas, e o livro se materializou em páginas pelas mãos competentes de Leandro Collares. O trabalho atento da revisora Elisabeth Lissovsky tornou a navegação do texto mais agradável e me salvou de inúmeros tropeços.

Foram muitas e muitas pessoas e projetos que contribuíram das formas mais mágicas para a existência da Horta das Corujas. Seus nomes estão registrados no Índice Onomástico (que contém também referências a autores e personagens históricos). Peço desculpas pelas falhas de memória e omissões.

Índice Onomástico

Adriana Ferla 215
Adriana Teixeira 58
Adriana Vasconcellos 141
Adriano Sampaio 70
Ajax Perez 98
Akira Kojima 70
Alê Cruz 32
Alê Monteiro 154
Alex Visoni Calliari 5, 59, 142, 157
Alexandre Chut 101
Aliança pela Água 87, 90
Alice Lotufo 33
Alice Girardi 216
Ana Campana 83
Ana Perin 83
Ana Primavesi 135, 216
Ana Terra 72, 214
Andrea Padovan Barbosa 69
Andrea Pesek 31, 49, 55, 72, 86, 215
André Biazotti 32, 64, 141
André Ferreira 101
André Fraga 132
Ângelo Filardo 66, 76
Anne Rammi 141, 143
Antonio Storel 147
Ariel Kogan 56, 57, 75, 76, 87
Bancada Ativista 140, 141, 153
Batatas Jardineiras 139
Benjamin Priz 30
Bia Goll 74, 135
Bill Mollison 75
Binho Queiroz 151
Brasília Geribello de Arruda Botelho 130
Brigitte Baum 120
Bruna Teixeira Coelho 58
Cades (Conselho de Meio Ambiente, Desenvolvimento Sustentável e Cultura de Paz) 38, 42, 53, 71, 73, 82, 96, 98, 101
Caio Rennó 154
Caio Tendolini 140, 142
Caren Lissa Harayama 214
Carolina Ferrés 56
Carolina Meyer 221
Carolina Sá Moreira Oliveira/Carol 86, 119, 121, 125, 215
Casa Jaya 47, 76
Cassia Castro 124
Cecília Lotufo 33, 71, 101
Celia Goes 31
Celso Barbieri 98
Chefe Seattle 7, 23

Chirley Pankará 143
Chris Larbig 124
Christine Munhoz 40, 42
Christovam Guerra 31
Clara Ribacamá 49
Clara Spalicci 119, 215
Claudia Lima 31, 133
Claudia Lulkin 67
Claudia Sangiorgi 163, 215, 216
Claudio Spínola/Claudião 40, 56
Claudio Lorenzo 61, 69, 83, 113, 122, 215, 216
Coletivo das Vilas Beatriz, Ida e Jataí 121
Cooperapas (Cooperativa Agroecológica dos Produtores Rurais e de Água Limpa da Região Sul de São Paulo) 81
Cristina Isoldi 70
Cristina Signori 61
Cyra Malta 46
Dadati Je 215
Daniel Martins/Boiadeiro 36
Daniela Guerra 121
Daniela Pastana Cuevas 56, 100
Daniela Salú 69
Daniela Teixeira 142
Daniele Custódio 151
Danilo Bifone 100, 101, 107, 215
David Holmgren 75
David Montgomery 191
Denise Moura Leite 30
Diego Blum 150
Dilma Roussef 140
Dolores Ibarruri 21, 36, 43, 96, 205
Dona Benjamina 35
Douglas Belchior 141
Edison Urbano 87
Eduardo Cabelo 42, 46
Eduardo Jorge 15
E. F. Schumacher 26
Eiko Sugyiama 108
Elaine Tucci Lippelt 69
Elba Fraga 215
Elen Godinho 39
Eliane Koseki 42
Elisabeth Lissovsky 221
Eliseu Gabriel 52
Elza Niero 36, 44
Erika Hilton 143
Escola Olavo Pezzotti 49
Estela Cunha 32, 42
Existe Água em SP 71

Fabíola Donadello 80, 124, 214
Fabio Souza 66
Felipe Martins/Boiadeiro 36
Felipe Chammas 162
Felipe Medalla 69, 72, 82
Felipe Pinheiro 76
Fernanda Danelon 69
Fernanda Maschietto 69
Fernanda Rodarte 214
Fernanda Salles 28, 71
Fernando Ferrari 143
Fernando Haddad 65, 88, 89
Fernando Moringa Oleífera 72
Fernando Oliveira 42, 51
Fernando Savio 147
Flávio Rodrigues 132
Flavio Yamamoto 81
Franco Montoro 73
Gabriela Arakaki 42
Gabriel Lindenbach 142
Gabriel Zei 145
Gerson Pinheiro 81, 109, 216
Gilberto Kassab 36, 41, 73
Gilberto Natalini 40
Giovana Gron 42
Giulia Giacché 61
Glaucia Santelli 101
Greta Thunberg 22
Gui Benevides 30, 145
Guilherme Borducchi 64
Guilherme Castagna 70, 76, 87, 215
Guilherme Reis Ranieri 83, 121
Guilherme Turri 147
Gustavo Freiberg 134
Gustavo Nagib/ Guga 37, 70, 71, 101, 214
Guto Zorello 132
Haim Birman 113
Helene Ueno 98
Horta CCSP 136
Horta da Missão Ambiental 139
Horta da Saúde 56, 64, 156, 219
Horta das Flores 139, 219
Horta da Vila Anglo 64
Horta da Vila Pompeia 64, 65
Horta do Centro Cultural São Paulo 64, 219
Horta do Ciclista 57, 88, 219
Hortelões Urbanos 10, 29, 30, 31, 32, 42, 43, 52, 55, 56, 64, 67, 136, 141, 219
Incredible Edible 61, 202
Instituto Kairós 151
Instituto Terra Viva 152
Isaac Kojima 42
Isabel Valle 221
Isa Penna 141
Iuri Timoner 216
Jair Bolsonaro 143
Jane Helena 215, 216
Jason Dyett 46
Jerry Pesek 49
Jesus dos Santos 143
Joana Canedo 38, 41, 46, 49, 51, 57, 66, 69, 70, 71, 211, 215, 221
João Carlos Godoy 147
Joaquim Moura 31
Joop Stoltenborg 24, 26
Jó Pereira 148
José Bueno 56
José Prata 42
Julia Marazzi 42
Juliana Diehl 42
Juliana Gatti 56, 100
Juliana Valentini 54
Julieta Visoni Calliari 5, 59, 61, 142, 157
Julio Avanzo 76, 191
Júlio César Barros 202
Julio Fernandez 42
Karin Hanzi 49, 215
Katerina Elias Traumfrau 214
Lana Lim 64
Laura Villani 42
Laura Wrona 82, 215
Leila DBarsoles 154
Letícia Momesso 42
Licia Beccari 35
Lídice Bá 221
Lucas Ciola 28, 30, 49, 64, 148, 150, 154
Lucas Guidi 131, 216
Luciana Cury 68, 69, 215
Luciana Spina 42
Luciano Caparroz Santos 57, 88
Luciano Carneiro Lobo 42, 46
Luciano Gomes 69
Luci Cara 69, 131
Lucy Montoro 73
Luigdi Diniz 42
Luís Fernando Amato Lourenço 77, 78
Luiza Chamma 221
Luiza Erundina 36
Luiz de Campos 56, 69, 70, 76
Madalena Buzzo 38, 40, 41, 42, 44, 46, 49, 50, 52, 53, 54, 57, 64, 66, 69, 71, 80, 96, 97, 101, 108, 118, 141, 211, 215, 219
Magno de Paula 152
Malu Maria 215
Manfred Max-Neef 54
Mara de Souza Cabral 120
Marcelo Alexandre Silva 133
Marcio Black 141
Marcio Yamamoto 101
Marcos Issao 215
Maria Cecilia Camargo 69
Mariana Marchesi 136, 215
Mariana Rico 69
Maria Wanda Borges Visoni 5, 22, 29
Marina Helou 141, 147
Marina Hion 216
Marina Pascon 154
Mario Visoni 5, 27
Marli Peixoto dos Anjos 130
Marta Pils Machado 35
Marussia Whately 88
Mary Clear 61, 202
Matheus Wiggers 70
Matias Freitas Guimarães 70
Mauro Calliari 25, 26, 59
Miriam Pils Machado/ Dona Miriam 35, 215
Miriam Cenamo Salles/Mirinha 31, 42, 44, 46, 55, 124, 216
Mirtes Pils Machado 35
Mity Hori 31, 70, 80, 113, 121, 124, 145, 215, 216, 221
Mônica Guttmann 221
Monica Meira 31
Mônica Seixas 143

Movimento Boa Praça 33, 47, 55, 61, 71, 73, 121
Movimento Cisterna Já 87
Movimento Infância Livre de Consumismo 141, 143
Moysés Galvão Veiga 131
Muda Mooca 100
Murilo Marcondes 124
Neide Rigo 83, 84
Neuza Paranhos 69
Nicolette Stoltenborg 24, 25
Nik Sabey 101
Nino 60
Nori Sugiyama 108
Ocupe&Abraçe 72
OPS Vera Cruz 38, 41, 59, 159
Oswaldo Oshi 83
Pâmela Sarabia 69, 214
Pam Warhurst 60, 61, 202
Patricia Iglesias 147
Patricia Trufeli 215
Paula Aparecida 143
Paula Lopes/Popó 28, 121, 215, 216
Paula Moura 215
Paulo Henrique Costa 69
Paulo Maluf 36
Paulo Miyazato 121, 152, 215
Paulo Padilha 51, 134
Paulo Pellegrino 36
Pedro Agustin Perez 39
Pedro Markun 141
Pedro Telles 142
Peter Webb 76, 183
Pierre Cohen 103
Plácido 34
Praça da Nascente 55, 219
Raimundo Paiva Nóbrega 73
Raquel Almeida 154
Raquel Marques 143
Regiane Nigro 135, 151
Regina Yassoe Fukuhara 214
Rejane Nunes 215, 216
Ricardo Cardim 101
Ricardo Gandour 51
Ricardo Reigosa 24
Rios e Ruas 55, 56, 70
Rita Almeida 215
Rodolfo de Jesus Madaleno 35
Rodrigo Caccere 42
Rodrigo Castro, 215
Rodrigo Sanches 147
Rosângela Zanchetta 49

Rui Signori 61
Sampa+Rural 65, 102, 116, 139, 149
Samuel Gabanyi 69, 83
Sandra Nedopetalski 101
Sandro Von Matter 100
Sasha Hart 28, 46, 70, 96, 101, 215, 216
Sebastiana Helena de Farias/ Dona Sebastiana 81, 152, 214
Sergio Correa 35
Sergio Julião 124
Sergio Reis 103
Sergio Shigeeda 56, 64, 103, 147, 156, 215
Sérgio Teixeira Alves/Coronel Sergio 41, 43, 53, 66
Seu Dito 35
Silvia Berlink 147
Simone Fasbender 215
Simone Kenj 216
SOS Abelhas Sem Ferrão 81
Susana Priz 28, 30, 135
Talita Salles 42, 44, 46, 55
Tânia Carlos 42
Tania Quintaneiro 31
Tatiana Achcar /Tati 28, 29, 32, 49
Tatiana Uva 49
Thais Mauad 47, 69, 71, 77, 96, 101, 103, 124, 129, 157
Tiago Martinez 69
Tiago Queiroz 100, 215
Tiana Moreira 103
Tini Schoenmaker 25
Todd Tomorrow 141
União de Hortas Comunitárias de São Paulo 56, 136, 159
Valéria Farhat 214
Valéria Sanchez Silva 101
Vanda Gentina 64, 216
Veridiana Moffa 121, 131
Vicente Cantil Queiroz 151
Vicente Lourenço de Góes 70
Victor Argentino 147
Vinícius Pereira 215
Vinícius Ramos 83
Vini Marson 64, 70, 94
Vitor Augusto 69
Viviane Noda 132
Welton Santos 147, 215
Wilson Brandão Lima 132
Yasmin Oliveira 70
Yayenca Uy 30
Zilma Zakir 121, 215, 216

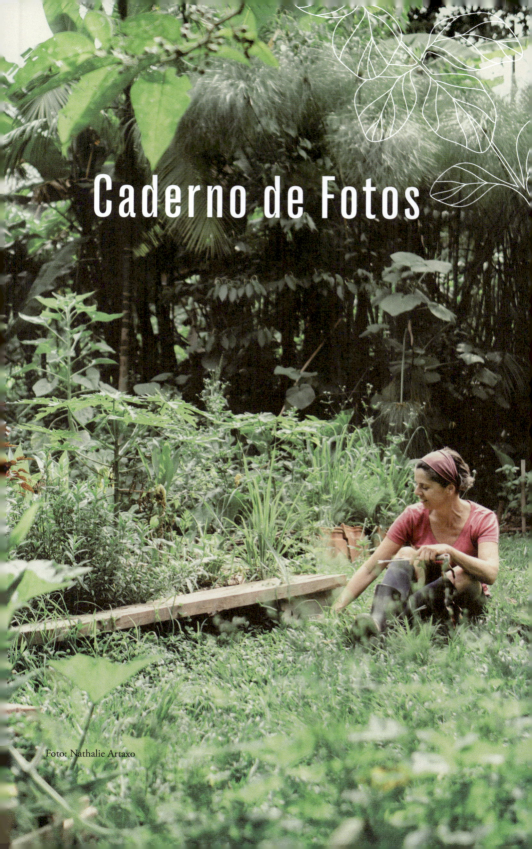

Caderno de Fotos

Foto: Nathalie Artaxo

Visitantes no dia da inauguração – 29 setembro de 2012. Foto: Horta das Corujas

Antes da inauguração, equipe da prefeitura instala a cerca. Foto: Madalena Buzzo

Instalação da cacimba 1, em 2012. Foto: Horta das Corujas

Andrea a Mirinha, em 2014.
Foto: Paula Lopes (Popó)

Neide Rigo apresenta PANCs na festa de aniversário, em 2014. Foto: Paula Lopes

Parte alta, em 2014. Foto: Paula Lopes (Popó)

Joana e Madalena recebem Pam Warhust, de Todmorden, em 2012. Foto: Claudia Visoni

Parte baixa, em 2014. Foto: Paula Lopes (Popó)

Cacimba das aranhas. Foto: Claudia Visoni   Cacimba 1, em 2016. Foto: Guga Nagib

Mergulho para limpar a cacimba das aranhas. Foto: Paula Lopes (Popó)

Madalena recebe estudantes, em 2015. Foto: Débora Pacheco

Branca de Neve e os 6 anões, em 2015. Agora restam 3. Foto: Claudio Lorenzo

Gerson explica sobre as abelhas, em 2016. Foto: Paula Lopes (Popó)

Turma que montou o Huguel 2, em 2015. Foto: Paula Lopes (Popó)

Canteiros da parte baixa, em 2015.
Foto: Guga Nagib

Manejo da composteira, em 2016.
Foto: Horta das Corujas

Pedal das hortas passa pela horta, em 2018. Foto: Paula Lopes (Popó)

Mutirão, em 2017. Foto: Paula Lopes (Popó)

Visita de Paulo Miyazato, em 2019. Foto: Paula Lopes (Popó)

A borboleta encontra a celosia. Foto: Manoel Moraes

Montagem do Huguel 1, em 2015. Foto: Paula Lopes (Popó)

Cúrcuma escavada para demonstrar a estrutura da planta. Foto: Claudia Visoni

Almeirão selvagem, roxo ou japonês. Foto: Claudia Visoni

Visão geral da parte alta no inverno de 2020. Foto: Patrick Bono

Mirinha, Sasha, Claudia e Claudio Lorenzo – encontro de fundadores, em 2022. Foto: Mity Hori

Mutirão pandêmico. Foto: Paula Lopes (Popó)

Visita escolar durante a pandemia. Foto: Mity Hori

Conversa de mascarados com distância social rural durante a pandemia. Foto: Paula Lopes (Popó)

Diego Lahoz dá uma força na capina do verão de 2022. Foto: Claudia Visoni

Trabalhando com o braço engessado. Mutirão pós pandemia, em 2022.
Foto: Claudia Visoni Foto: Claudio Lorenzo

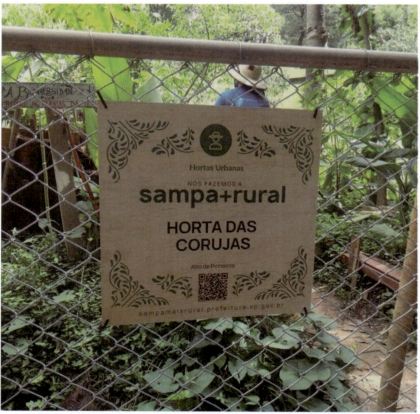

Programa Sampa + Rural reconhece a existência da horta. Foto: Horta das Corujas

Canteiro desaparece sob o mato no verão de 2023. Foto: Claudia Visoni

Visão geral da parte baixa na primavera de 2023. Foto: Claudia Visoni

A sombra das árvores ameaça a horta. Foto: Claudia Visoni

Canteiros da parte alta, em janeiro de 2023.
Foto: Claudia Visoni

Canteiros da parte alta, em setembro de 2023.
Foto: Claudia Visoni

Mity e eu num mutirão, em 2023.
Foto: Claudia Visoni

Primavera de 2023.
Foto: Claudia Visoni

Ganhei um festa no meu aniversário, em janeiro de 2022. Foto: Mity Hori

Este livro, composto na fonte Adobe Garamond Pro, foi impresso em papel offset 75g/m², na gráfica Rotaplan com tinta SunChemical a base de soja. Caso queira se desfazer dele, recomenda-se a doação a uma biblioteca. Se a obra estiver em mau estado, o descarte indicado do miolo é a compostagem (por não conter substâncias tóxicas). Ou seja, você tem nas mãos papel-adubo. A capa deve ser encaminhada para a reciclagem.
São Paulo, janeiro de 2024.